~ 80年代から90年代の鉄道風情 ~

国鉄・JRローカル線と地方私鉄訪問記

山口 雅人

JN189735

［ 目 次 ］

はじめに

　本書は1980年代から1990年代が中心にして、国鉄 (JR)のローカル線と地方私鉄を訪ねた時の様子を記録したものです。遠出をした一部の路線は、観光旅行に引っかけて行きましたが、掲載した8割以上は、東京の自宅からの日帰圏です。また、画角の大半を車両が占める写真や列車の編成写真など、一般的な鉄道誌やブログで多く見られる写真は、本書ではわずかばかりの掲載となっています。早い話が、「地方鉄道の日常沿線風情」を中心にした本です。

　さらに脱線気味ですが、その土地で見かけた、鉄道とは無関係なモノも懐かしく思って掲載しています。その一つが1975年〜2005年ぐらいまでの間に出掛けた時に、了解を得て収集したホーロー看板です。今から30数年前は、無償やわずかな金額で譲ってくれました。この時代の地方では、看板はよくお目にかかる機会があり、やや本書には不釣り合いかもしれませんが、看板のページも設けています。さて、あの頃は「こうだった！」とか、「こんな感じだったのかー？」と、それぞれの思いを巡らせながら、ご覧頂ければ幸いです。

鼻クソ ほじろーっと

あーら 見てたのねー

この2枚の写真は鹿島鉄道へ訪れた時のもので、石岡駅のヤード側から、油断していた少年が見せたお茶目な姿を撮影したものです

写真で見比べる 東京の変化

　本書は、今では目にすることができない地方鉄道の風情を中心にスポットを当てたものです。しかし、ボクが住む東京の景色においても、面ではなく点で見ると、少しずつですが、街が変化を遂げています。読者の方々も、その様子は車窓などから気付かれていると思います。

　ここでは、地方のローカル風景とは正反対になりますが、1980年代から2000年初頭に東京で撮影した写真と、それから時を経た現在の光景を、定点写真とまではいきませんが、その変化を見比べてみました。

　余談ですが、当時、東京を撮影したカラー写真を見返すと、JR（国鉄）関係は一般的な編成写真が多かったのですが、いわゆる「都会の鉄道風景写真」は少なく、結果的には灯台下暗しであったことを反省しました。なお、現代の写真の撮影は、全て2018（平成30）年7月下旬のものです。

新宿 その1　2018年7月

新宿 その1

1983年の写真は代々木側から見た新宿駅南口の展望。写真中央のサイロのようなものは給水塔で手前は給炭台。まだこの頃は蒸気機関車時代の設備が残る。その左手にある車庫のような建物は、1906年に建てられた、新宿電車庫開設当時の建物の一部と思われる。なお、写真左の遠方に見える薄茶色のビルは、新宿小田急百貨店だ。2018年の写真は、ほぼ同じ場所から撮影した「タカシマヤタイムズスクエア」付近から見る新宿駅周辺の風景

新宿 その2

1983年の写真は新宿貨物駅の荷物ホーム。中央本線松本行きなどの、各駅停車の東京側に連結され、旧型電車特有の音を唸らして走っていた、クモニ83の800番台が積み込み作業を行っている。この場所は、現在も「きもの やまと」のビルが存在するのでわかりやすい。2018年の写真は「新宿高島屋」の明治通りに面する正面玄関側からの眺め。この正面玄関付近に、荷物電車が見られたことなど、知る人は少ない。なお、余談だが、左手のHISの並びのビルに、近年JR貨物本社が飯田橋から引っ越してきた

新宿その2　**1983**年3月

新宿その2　**2018**年7月

新宿 その3

以前は小田急やJR新宿駅構内の線路も見渡せたが、現在の甲州街道が架かる代々木方面は、JR東日本本社ビルやホテル、線路上には巨大なバスターミナル「バスタ新宿」や、遊歩道・陸橋などが設けられ、線路は見えにくくなった。1983年の写真は中央・総武線の下り列車が、山手線の外回りを乗り越える築堤。2018年の写真は、小田急線の新宿駅を出発して、最初の踏切となる新宿1号踏切。撮影する人を見かけることが多い場所だ。右側に見えるのは中央・総武線の列車

新宿その3　1983年3月

新宿その3　2018年7月

上野 その1

1992年の写真は、上野駅広小路口の高架線上を、秋葉原の電留線から回送で上野駅に到着する、「白山色」の489系。国鉄からJRになって4年数ヶ月が経った頃だが、車両は国鉄モノが大半を占めていた。また、本業以外の事業展開も、駆け出しの手探り時代。そんなことで勝手な推測だが、高架下の店舗は短期貸であり、本腰の造作ではないような感じがする。2018年の写真では、高架線上に常磐線特急「ひたち・ときわ」で使用されるE657系が見える。かつての高架下の店舗は「アトレ」になっている

上野 その1　1992年2月

上野 その1　2018年7月

上野 その2

1990年の写真は、上野駅不忍口の公園口改札側からアメ横方面を見た光景。京浜東北線の大宮方面に向かう103系が近付いてきた。この付近は常に人通りが多く、この頃は、道路に面して看板やポスターを出している映画館があった。2018年の写真は、ほぼ同じ場所から撮影。現在の映画館はビルの中に入り、道路に面して営業する間口は、わずかに存在する程度だ。建て替えられたビルは、レストランなども入っている。なお、正面に見えるヨドバシカメラは、2008年にオープンした

上野その2　1990年8月

上野その2　2018年7月

鶯谷

広告や看板には、電飾を使用するモノもあるが、基本的には日が暮れ始める頃から灯がともるのが一般的だ。この鶯谷といえば日本一のラブホテル密集地として有名で、界隈の夜道を歩くと、色彩豊かなネオンが綺麗なため、撮影したことがある。1992年の写真は、、上野駅に到着する「ひたち」を撮影したものだが、2018年の写真と見比べると、建物やホテルの名前も変化している。このことをボクは近年になって気が付いた次第で、意識をして見ないとわからないことだ

鶯谷　1992年2月

鶯谷　2018年7月

秋葉原

かつて秋葉原の地に、神田青果市場があった。市場が立ち退いた後の数年間は、恒久的な建築物は作られず、具体的な動きがあるまではオープンスペースとなっていた。2000年の写真は、その一般に開放されていた時に見られた光景。バスケットのシュート中に、背景に京浜東北線の209系が重なるように撮りたいと思い、見ず知らずの人だが声をかけて協力してもらった。2018年の写真では、近代的な駅前となっていて、高架下にはAKB48の「カフェ＆ショップ」も見える

秋葉原　2000年4月

秋葉原　2018年7月

新大久保

山手線と並走する西武新宿線の西武新宿駅北口改札付近から、高田馬場駅の新宿寄りにある公園付近までを、西武線に沿って新設が進められている道路がある。この桜を入れた1991年の写真に小さく見えるのが山手線で、左側は新宿方面へと向かう内回り列車だ。街路樹が並ぶ2018年の写真は、桜の木より100mほど高田馬場寄りで撮影した。なお、この通り付近の電車の車窓からも見えた、ロッテの工場は消滅している

新大久保　2018年7月

高田馬場

JR高田馬場駅の戸山口改札から300mほど新宿寄りには、築堤の下を抜ける道路がある。この道幅が狭いために歩行者は注意を払う必要があり、自動車も一方通行ではなく、交通の妨げとなっているため、旧来の道幅を3倍にする拡幅工事が行われている。2002年の写真では、その上を湘南色に塗り替えた167系の臨時列車が走っている。現在も工事は進行中だが、2018年の写真では、後方の道路工事は停滞している。街並みだけではなく、鉄道施設関連も変化を遂げているのだ

高田馬場 2002年5月

鶯谷 2018年7月

品川

品川駅の東海道・横須賀線ホームの東京寄りは、カーブを描いている。1992年の写真は、EF65の定期重連が新鶴見に向かうため発車待ちをし、少し見にくいが、高架線上に0系が走り去る瞬間だ。2018年の写真では、以前は貨物ヤードだった敷地に、新たにホームが設置されたのがわかる。品川駅は以前、臨時ホームが何線もあったが、現在は常磐線が乗り入れ、臨時ホームは2線ほどになったと聞いたことがある

品川　1992年2月

品川　2018年7月

三河島

1984年の写真は、常磐線を走る103系。常磐線三河島駅は高架線上にあるが、その昔は貨物駅が地上にあった。この敷地は国鉄が所有し、その後は駐車場となっていた。2018年の写真では、荒川区が管理する西日暮里1丁目広場となっている。以前はヤードであったので、幅はないが長さのある敷地内には、遊具なども設置されて水遊びもできる。また、隅田川貨物駅に出入りする貨物列車が、地上と高架線を上り下りする光景が見られる場所だ

三河島　1984年12月

三河島　2018年7月

板橋

埼京線の池袋方面から板橋に向かう、少し手前の進行方右側には、セメント工場の敷地が
広がり、荷役用のクレーンも見られる。これを撮影した1991年当時の貨物列車の運行は、
池袋方面だけの扱いだった。23区内では、このように電車線の脇に、専用ヤードが隣接し
ていた場所は他にはなかったと思う。何か「国鉄時代風味」が存在しているような感覚だ。
2018年の写真では、この跡地に大きなマンションが建設されている

板橋　1991年4月

板橋　2018年7月

国鉄・JRのローカル線編

磐越東線 魅力的だった DD51 の三重連

磐越東線の船引〜要田間には、大きなS字を描く区間がある。写真はそこのサミット近くの場所で撮影。この列車は重連の時もあったが、写真の三重連はいつまで運転されていたのだろうか？　1983年5月29日

撮影当時、常磐線のいわき（旧平）と東北本線の郡山を結ぶ磐越東線は、貨物列車の設定が多く、ここで紹介する郡山側では、八高線と同じように、セメント列車が多く運転されていた。また、勾配区間もあるため、補機付きの重連や三重連で運転されるDD51も見られる路線として、一時的に注目された。その他、旅客列車もディーゼルカーだけではなく、旧型客車の姿も見られた時代であったが、首都圏から離れていることもあり、磐越東線を訪ねた時にはファンの姿は見かけなかった。

しかし、1987（昭和62）年の春、平〜大越間の貨物輸送が廃止され、2000（平成12）年の春には、大越から郡山側に運転されていたセメント輸送のメイン列車（？）が消えてしまった。これによって撮影するファンとしては、この路線の魅力は消え、“ホント”のローカル線になった感がある。

余談だが、この路線では1日中沿線で撮影したことはなく、他線と掛け持ちをしていた。それは、この路線の1番のメインとなる三重連の撮影前、東北本線でED75の定期三重連が設定されていて、そちらを撮影した後に、磐越東線のDD51の三重連を撮影することができたからだ。車での移動なら、さらにスムーズだったため、このパターンで1日2度の撮影を行っていた。

磐越東線の大越駅から専用線が分岐して、セメント工場のプラントがあった。そのため貨物列車の9割は、この工場に発着するセメント列車だ。この重連は写真のようにホッパ車ではなく、一般の貨物列車　三春付近　1983年5月29日

郡山〜舞木間にかかる、阿武隈川の鉄橋を渡る客車列車。自己責任の時代だったこの頃は、走行中の開いたドアから人影も見える。当時、郡山駅付近の磐越西線・東北本線でも客車列車が運転されていた　1983年5月29日

大越からのセメント列車。7両の貨車だが、1両が約50tなので短いながらも坂道ではスピードダウンする　船引〜要田　1983年5月29日

現在、舞木駅は全て建て替えられた。当時の田舎駅の基本的な佇まいは消えてしまっている　1983年5月29日

現在は三春駅も観光地らしい駅舎と設備になってしまい、駅前の駐車場も整備されているようだ　1983年5月29日

移動の途中で廃車体のタンクローリーと遭遇。嫌いじゃないので思わず1枚！　1983年5月29日

日光線 *厳しかったお召列車の警備*

　日光線は、通常ではまず出掛けない路線だったが、お召列車が走ることになり、行くこととなった。この時の運転は、お召専用機である、EF58 61号機が原宿〜宇都宮間を牽引するが、日光線に向かうには、東京方面からの場合、進行方向が逆に変わるため、宇都宮では機関車を最後尾に付け替えなければならない。つまり機回し作業や国旗などの問題など、停車時間の長さなどに問題が生じるため、別の機関車を用意することとなった。

　その日光線内は、宇都宮機関区のEF58 172号機を使用することになった。一般のEF58を使用するお召列車は過去にはなく、これが最初で最後であるため、是が非でも

と思い、友人であるプロカメラマンの車に乗せてもらい、撮影地の下野大沢〜今市間へと向かった。しかし沿線にいたファンは、思ったほどの人出ではなかった。

　当時の昭和天皇時代のお召列車の警備は、名前や住所、職務質問や荷物検査などがうるさく、平成時代に走ったお召列車よりも、この時だけに限らず、昭和の時代の方が厳しかったことと思う。なお、走行中のお召列車と回送列車を撮った後、ダメ元で機関区に行くと、すんなりとOKが出て入ることができた。これは、本運転終了後なので入れてくれたのだと思う。また、機関区内のファンの数もわずかだった。

日光方面から普通列車の115系がやって来た。画面の左側に見える木立は日光街道の杉並木　下野大沢〜今市　1982年5月21日

この時期は臨時列車が多く、これは交直両用の451系の仲間。4連×3連の12両編成　下野大沢〜今市　1982年5月21日

こちらの臨時は165系か、修学旅行用の電車かは不明だが、10両編成も見られた　下野大沢〜今市　1982年5月21日

お召列車の運転時には、鉄道公安官が不審物や妨害がないかを見回り、保線関係者も鉄道電話で連絡をしていた　下野大沢〜今市　1982年5月21日

お召列車を待つ鉄チャンの元に交通課の白バイがやって来た。一通りのことを鉄チャンたちから聞き出し、メモを取って去っていった　下野大沢〜今市　1982年5月21日

お召列車の撮影で集まった人々。多分、沿線では撮影者が1番多い場所だと思われるが、特に問題は起こらなかった　下野大沢〜今市　1982年5月21日

待ちに待ったお目当てのお召列車。画面いっぱいに編成を大きく撮影する写真はみなさんにお任せして、ボクはローカルな風景を入れてパチリ！　下野大沢〜今市　1982年5月21日

機関区に行くと現場の職員たちが再び国旗や御紋章を取り付け、お召装備を施してくれた　宇都宮機関区　1982年5月21日

足尾線 悔いが残った貨物専用線

　足尾線は国鉄民営化から2年後の1989（平成元）年春に、わたらせ渓谷鐵道となった。ここで紹介する写真は、現在営業している桐生〜間藤間の足尾駅と、廃線となった間藤から足尾本山へと延びる貨物専用線と沿線風景だ。ここへ撮影に行った時に印象深かったことは、終点の足尾本山は古河鉱業の工場敷地内で、立ち入りは厳禁であったこと。そして、足尾本山に向かう下り列車が30‰の急勾配をエンジンをうならしながら、ゆっくりとしたスピードで登る姿だ。

　まだ全国でC12が定期重連で運転されていたボクが少年時代、現在は新線に切り替えられてダムの底に沈んでいる神土（現・神戸）〜草木間へ2回撮影に訪れた。しかし、重連が走らない貨物専用線には撮影に来なかった。この独特の風景の中を、急勾配を登るC12をどうして撮りに来なかったのか、つくづく悔やんだ。

　この魅力的な貨物専用線には、いつか撮影に来るぞと思っていた。1987（昭和62）年4月1日の国鉄民営化数日前まで貨物専用線も運転されていたが、結局は来ることはなかった。この専用線は現在でも、廃線跡が比較的残っているようだ。また、この周辺の風景は独特で素晴らしく、特に古河鉱業に関する建物は、産業遺産として保存対象にしてほしいと思うほどだ。

終点の足尾本山駅は古河鉱業の敷地。この写真の後方に向かって直線距離で8kmほど進むと、日光中禅寺湖がある。
80年代前半までは、日光を結ぶ道路はスムーズではなかった記憶がある　1984年10月14日

足尾本山駅に向かって急勾配をゆっくり登って来る列車。写真の構図上には邪魔なモノもあったが、この時は目をつぶった。それは、過去においても、このような構図で撮影できる場所はボクは初めてだったからだ　1984年10月14日

廃駅、廃道、廃屋、廃車体と、"朽ち果て"をテーマにした写真集はゴマンと出版されている。それらのマニアたちにも知られている、戦中の迷彩塗装が退色した、通洞にあるこの新梨子油力発電所は現存している。なお、手前の建物は通洞動力所だが、現在は屋根が倒壊している　1984年10月14日

1890年に架けられ、保存対象になっていたドイツ製の古河橋を手前に見た西側の谷の風景。古河橋は橋桁から手摺の全てが木製だった。右の大きな木造家屋と共に現存していない　1984年10月14日

間藤〜足尾本山間は、間藤駅から500mほど進むと渡良瀬川を渡る。その先はトンネルもあるが、川に沿ってこのような風景を進む。山肌の大半は岩肌で、樹木がない高地のようだ。なお、写真中央の右側にはトンネルに向かう列車が小さく見える、1984年10月14日

写真の左側の建物の一群は古河鉱業の足尾本山。また、右の橋は現在使用されている古河橋で、写真では見えないが古い古河橋はその向こう側に平行して架かっている　足尾本山付近　1984年10月14日

足尾駅で発車待ちをするDE10の重連。足尾線内には桐生駅から全線通しで、定期重連の列車もあった。このDE10の56号機は、SG付（蒸気暖房発生装置搭載）　1984年10月14日

足尾駅ホームには、信号を操作する小屋があった。駅員や構内手信号扱いができる職員が、手動レバーを押したり引いたりして、腕木信号とポイント変える光景はどこでも見られた　1984年10月14日

タラコ一色の塗装は当時は好かれない傾向であったが、今見ると懐かしさがある。このキハ40一族は、900両弱の大所帯となり、全国各地で見ることができた　足尾　1984年10月14日

八高線 *存 在 価 値 が 高 か っ た セ メ ン ト 列 車*

　東京付近の非電化路線で、大型のディーゼル機関車が使用されていること自体が、今から考えると、何とも不思議な感覚がする。それも、重連で運転されていた列車も数本設定されていたなんて夢みたいな話だ！　今だったら大変な騒ぎになっているだろうと思う。

　八高線の八王子〜高麗川間は現在、ご承知の通り1996（平成8）年に電化した。ここで掲載している八王子〜高麗川間での撮影は、架線や架線柱もない非電化時代で、スッキリしたローカル的な雰囲気だ。また、旅客に使用されていたディーゼルカーの主力は、キハ17やキハ20などであったが、末期の頃はキハ30やキハ35が主力となり、中には塗装変更の車両も見られた。

　ボクもそうだが、この時代の多くのファンは、セメント列車を牽引するDD51の姿を求め、この地を訪れていた。貨物列車は電化によって消えたのではなく、高麗川にある工場からの鉄道輸送がトラック輸送に切り替えられることとなり、消滅が伝えられた。そして、鉄道での輸送は1999（平成11）年9月20日で終了となった。

　DD51の重連が見られた八高線だが、この重連が当時でさえ定期運転されていたのは、北海道の「北斗星」と「カシオペア」。他では現在でも運行されている、関西本線の名古屋口に行かなければ、お目にかかれない、存在価値の高い列車だった

小宮駅で下りのDD51重連単機が到着すると、こちらを向いている上りのDD51重連が発車した　1992年3月11日

八王子駅から小宮駅に到着した重連単機は、ここでホッパ車を連結して発車した　1992年3月11日

跨線橋から秩父セメント所有のホッパ車を引いて、箱根ケ関駅に到着する下り列車を撮影　1992年3月11日

東飯能駅の夜景。後続の上りの旅客列車の追い越しを側線で待っているDD51重連を狙った　1992年3月10日

明覚駅付近で臨時の客車列車が予期せずやって来た。走行音で気付いて流し撮りをした　1984年10月14日

箱根ケ関駅付近の畑には梅が咲いていた。このようなのどかな風景は東京では見られない　1992年3月11日

小川町駅構内の写真。まだこの時代には、キハ30よりキハ20などの方が多かった　1984年10月14日

東福生〜箱根ケ関間にあった横田トンネル。このトンネルは米軍横田基地の滑走路先端に線路がかかるため、安全面を考慮してあえて作られた。電化時に上部は撤去され、現在は切り通しになっている　1992年3月11日

小宮駅に現れたキハ30。この塗装は結局、全車には及ばず終わってしまった　1992年3月11日

小川町駅には秩父鉄道のボギー緩急車がいた。小さいのにボギー台車で、4軸車は元・ホッパ車　1984年10月14日

小宮駅の貨車の入換や移動はスイッチャーではなく、小さなアントが使用されていた　1982年3月11日

小川町駅では東武車も見ることができた。その横で秩父鉄道の507号機が休む　1984年10月14日

御殿場線 *SSE車を追い求めて20年ぶりの撮影*

この路線に初めて来たのは、1967（昭和42）年の暮れで、ボクが小学6年生の時だった。蒸機のD52を求めて、1人で国府津駅や機関区を訪ねたのが最初であった。その後、御殿場線は20年ほどご無沙汰していた。間が空いた理由は小田急のロマンスカー「あさぎり」が乗り入れ、富士山を背景にした列車写真だけが取り柄のイメージがあり、常に注目する路線ではなかったからだ。御殿場線のファンもそんなに多くはないのではと思う。ただし、団体専用車両などの臨時列車や、人気のある車両や機関車が入線すれば、その日限りではあったが、鉄チャンが集まった。

御殿場線に再びチョコチョコと訪ねるようになったのは、先にも記した小田急SSE車のロマンスカーが興味の対象になったからだ。大半は小田急線内での撮影であったが、御殿場線の風景も捨て難く、撮影に出掛けた。本命のSSE車以外にも、この路線で使用されていた車両は湘南色の115系であったが、SSE車が消える頃には211系が見られるようなった。

このような首都圏近郊で見られる車両は、少なくなれば貴重になってきたと思い撮影するが、日常的にゴロゴロいる時期は、真面目に撮っていないのがホントのところ。撮影したフィルムを見ると、当時の御殿場線で使用されている普通電車のカットが、いかに少ないかがわかる。

御殿場駅では新宿からの小田急ロマンスカーが折り返しの準備中。こちらのホームには国府津行きの115系が到着し、これから小学生の児童が乗車するところ　1990年5月9日

御殿場線の山北〜谷峨間は、山々がせまり始める区間で、酒匂川を３ヶ所渡る。この橋梁は1972年の集中豪雨で落下し、改修後の翌年に架けられたもの　1990年5月9日

第2酒匂川のプレートガーターを渡る115系は、この山北〜谷峨間ではトンネル区間もあるためライトが点灯している。シールドビームではない旧タイプの大型ライトは見栄えがいい　1990年5月9日

東山北駅の松田寄りの築堤の脇に藁葺屋根の古い農家が目に入ったので、この屋根と列車のツーショットを撮ってみた。現在では、道路も含めて変貌したようだ　1990年5月9日

御殿場線の谷峨〜御殿場の区間は、山深い場所を流れる鮎沢川に路線も沿っている　御殿場〜足柄　1991年3月

松田駅の駅本屋がある上り線のホームは、上屋や梁、壁面など、木造部分は全て塗装がされておらず、大きな改築もされていない。この時代まで存在したのが不思議なくらいだ　1990年6月

松田駅跨線橋の階段下の手摺も未塗装のまま。写真では上屋が暗く見えないが、燕の巣がいくつもあって、それを知らせる張り紙がされていた。なお、この木造の上屋などは2004年春頃には消えたようだ　1990年6月

御殿場線の沿線で、この駿河小山〜足柄間は有名なお立ち台の場所。小田急のSSE車・3000形が定期運用の「あさぎり」から退いたのは、1991年3月15日のことである　1991年3月

ここは富士山をバックにして撮影する、1番有名な御殿場の足柄寄りの場所で訪れる人が多い。みんなが撮影する場所の反対側で、富士山の尾根が全て見えるようにトワイライトタイムを撮った　御殿場〜足柄　1994年12月

この看板などの写真は、全て沿線の山北の街で撮影したもので、これを撮影したポジフィルムを見ると、古い店や建物も撮影している。現在はどのくらい残っているだろうか？　1987年8月31日

身延線 首都圏で最後まで残った EF15

　身延線の最初の撮影は、東海道本線の吉原駅から出ている岳南鉄道の撮影に出掛けた時だ。一通り撮影が終わり、日暮れまでは少し時間があるので、身延線で以前使用されていた旧型国電が、富士宮の車庫に置かれているかも知れないと思い、仲間と行った。案の定、電留線3本には数十両の電車が並んでいた。しかし、このような撮影を予定していなく、フィルムが残り少なくなったため、悲しいかなボクだけ数コマしか撮影できずに終了した。

　その後、身延線に目を向けたのは、それから2年ほど経ってからのこと。あれほどいたEF15が東京付近からは見られなくなり、首都圏最後の活躍の場となったのが、この身延線であった。都心の風景とは違うEF15の絵もいいかな？　組み写真を作れるかな？　そろそろ引退するかも知れないぞ！　などと話をしながら、撮影仲間の鉄チャンと車で行くことになった。この2回目は、甲府から撮影しつつ、沿線の道を進んで身延駅の先で折り返した。そして、再び撮影しながら甲府に戻って中央高速道で帰路に就いた。

　その後、この甲府機関区のEF15は、当時を知る方なら覚えているだろうが、終焉が近づく1985（昭和60）年3月3日に、イベント列車として中央線の新宿〜甲府間で、「EF15三重連の旅　新宿駅100周年記念号」として1往復した。

南甲府駅の構内で、発車待ちをする貨物列車の脇を新製された115系が走り去る　1983年7月17日

南甲府駅には貯蔵施設があったので、共同石油のスイッチャーが休んでいた。当時は毎日運転されていたが、現在、山梨県下では中央線竜王駅の北側にある油槽所のみとなった　1983年7月17日

南甲府駅構内の側道の空き地には、使われていないガソリン給油器が置かれていた。上部が円筒形のガラス製の貯蔵部ではなく、指針メーターなので、後期の計量器だと思われる　1983年7月17日

南甲府駅の貨物駅で休むスイッチャー。車体にはこの地に本社を置く「白麦米株式会社」（現・株式会社はくばく）と書かれている。米屋さんなどで見かけた当時の白麦米の看板は、母と子の顔のマークがデザインされたものだった　1983年7月17日

甲斐常葉駅で、列車交換のため停車中のEF15の197号機。この駅の平均乗降人数は、1980年に約600人だったが、2014年には34人までに減少している　1983年7月17日

当時は流し撮りをする人は少なかったので機関士を狙うと、タバコ？　禁煙パイポ？　という現在では有り得ない、何かを咥えた姿が。国鉄時代、機関士席には簡易的な灰皿が取り付けられたのを見たことがある。イイ時代だった　1983年7月17日

塩之沢〜波高島間で、雰囲気のある農家と列車がマッチする場所を発見！　沿線ではこのような場所は滅多にないのが現実で、運が良かったと思う。田舎臭さを求めて撮影にやって来た甲斐があった　1983年7月17日

身延駅では電留線に止まっている115系の2000番台を撮影していると、入換中のEF15の195号機がこちらにやって来た。身延駅の貨物扱いは1984年の1月で終了した　1983年7月17日

岳南鉄道から身延線に初めて訪ねた時、富士駅付近の地下通路の看板には、「夜間婦女子の一人歩きは危険……国鉄構内の歩道橋を御利用下さい」との注意書きが。気になったので1枚撮った　1981年10月18日

身延線の途中の富士根駅では、下車した乗客が改札口へ向かう際には、構内を横断しなければならない。普通は先頭車が踏切の手前で止まるが、編成が長い場合は、発車までホームで待つハメになる　1981年10月18日

手前からクモハ60、クモハユニ44、同じくクモハユニ44が並ぶ　富士宮　1981年10月18日

身延線で使用されていた旧型電車は70
数両配置されていたが、ここには30数
両が置かれていた　富士宮　1981年
10月18日

飯田線 改造されて活躍の場を移した荷物電車

飯田線はいつの時代でも旧型車両の宝庫で、常に"お古"が走っている路線であった。しかし、この時は、モロ中古車ではなく、廃車で発生した走り装置と内装部品の一部を使用した、ほとんど新製で制作された新車同様の電車が入線する話が伝わってきた。そうなると、いよいよ旧型車両たちもお払い箱となるため、出先のついでを含めて3回訪ねた。

この飯田線を訪れたのは1981（昭和56）年が最初で、機関車もED62が使用されていた。しかし、少年時代に、東海道本線の電車の先頭に立ち、快走する様子を見て好きになったクモユ二81が、改造されてクモ二83の100番台となり、ここで活躍していた

のは嬉しかった。特に、この荷物電車を撮りたくて、飯田線に行っていたようなものだ。また、沿線に来ると、自然やローカル風景もいいので、本来なら鉄道以外も含めて落ち着いて撮影を楽しみたいが、いつも、忙しくバタバタと移動して終わってしまう路線でもあった。

なお、旧型電車を追いやった119系は2012（平成24）年に運用から外れ、貨物に使用されていたED62は、1996（平成8）年秋には定期運用がなくなった。現在の飯田線を撮影した写真を鉄道誌で見る機会は皆無に等しいため、車両はつまらないが、別な見せ方次第では狙い目なのかもしれない。

飯田線にわずかに残っていた貨物列車が消える話が耳に入り、出先ついでに寄ってみた　飯島～伊那本郷　1996年4月

最後の定期貨物の荷物はオイルだった。いつも数両程度でローカル線らしい編成だった　飯島〜伊那本郷　1996年4月

飯田線の山村風景を撮りたいと思っていたので、耕運機を運ぶ人が丁度通り慌てて撮影した　田切～伊那福岡　1981年6月

線路脇の小さな畑では、収穫したキャベツの葉をむく姿が見られ、電車と重ねて撮影できた　宮木付近　1982年11月3日

飯田線の名物（？）である40‰の勾配表。ピカピカの119系が登って来る　赤木〜沢渡　1982年3月

配置されて間もない119系は構内には見当たらず、旧型電車やED62だけがあった　伊那松島　1982年3月

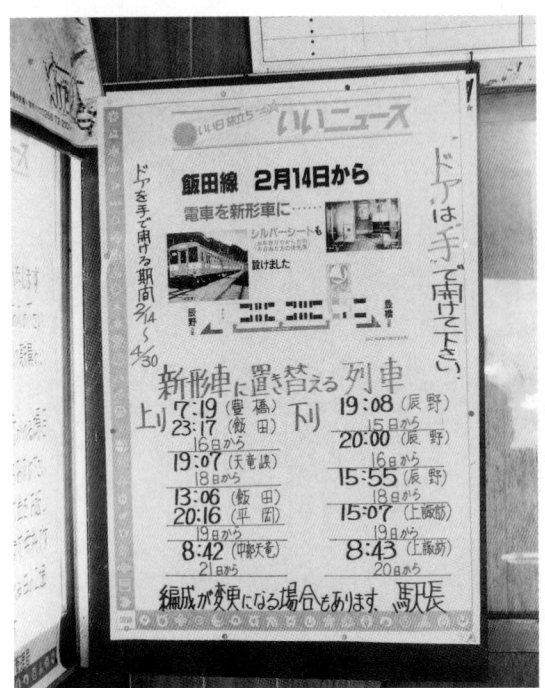

ホームの待合室にはダイヤ改正ではなく、119系に一部の列車が置き換えられる告知が貼られていた　伊那本郷
1982年3月

山吹駅に165系が到着したが、電車のドアの高さとホームの高さが大きく違う。写真で見ると、大人の膝の高さぐらいあるようで、子供は上がれないため、両手で抱えて乗せている　1981年6月

好きな荷電を真横から撮影していなかったので、小さな踏切越しに狙ってみた　市田〜下平　1981年6月

クモニ83 100番台の2連が、40‰の坂を登って行く姿が最後の見納めとなった　赤木〜沢渡　1982年3月

都会のローカル線 鶴見線・大川支線

この路線がローカル線か？ と言われると困ってしまうが、都会の中では、日中の運転間隔や乗客数、単車での運転は、都心の主要路線である山手・中央・京浜東北線などから比べれば、話にならないくらいに全てが小さい。このような格差を前提とすれば、鶴見線の大川支線はローカル線の部類ではないかと個人的には思っている。

さて、この大川支線に訪れたのは80年代の前半が最後だったと記憶している。まだ当時は、鶴見線の武蔵白石駅から次の1.6km先にある大川駅までを、1時間に2往復から4往復ほど、クモハ12が行ったり来たりしていた。この路線は、駅や構内での撮影以外となると、線路沿いの道と途中の運河沿いの道以外はなく、沿道は工場の壁とフェンスで覆われ、どうにも撮りようがない印象が残っている。そんな場所だったため、その後は訪ねていないものの、鉄道誌などを見ると、1986（昭和61）年3月からは、このクモハ12は鶴見駅までの直通運転の他、鶴見線内の他の区間でも使用されるようになった。車歴が60年を越すこのような古い車両が、活躍の場を広げるのは珍しいことだ。その後も時代と逆行するように運転範囲を広げたクモハ12だったが、10年後の1996（平成8）年3月24日にさよなら運転が行われ、現役を退いた。

車両は全般検査上がりのようで、車体はツルツル・ピカピカだ。綺麗な車両の状態は反射光でわかる　武蔵白石　1982年10月31日

京浜工業地帯のイメージが欲しく、望遠で遠近感を圧縮したが平凡な写真になってしまった　武蔵白石〜大川　1982年10月31日

運河の側面からは光線がいいので流し撮りをしてみた。運転士は車掌と話しながら運転をしていた　武蔵白石〜大川　1982年10月31日

地方私鉄 東北・新潟 編

南部縦貫鉄道 *長寿を全うしたレールバス*

　戦後、本格的にレールバスを量産車として使用したのは国鉄だった。キハ01系として、1954（昭和29）年～1956（昭和31）年にかけて49両を発注し、ローカル線に投入した。しかし、長所短所を考慮すると、短所の方が大きかったために発展はせず、消える運命となり、1968（昭和43）年には使用されなくなった。

　この国鉄以外に制作された車両は、北海道の羽幌鉄道が1959（昭和34）年にキハ11として1両製造。そして、この南部縦貫鉄道がキハ101・102の2両を1962（昭和37）年から使用を開始し、開業から廃線までの40年間活躍していた。大雑把な言葉で失礼だが、

本来はバスを基準にして鉄道車両に準じて仕上げたモノだ。寿命的には10数年のはずを、よくぞ40年も持たしたと思う。

　さて、この昭和スタイルの車体を撮りたいとは思っていたが、鉄道写真だけで行くにはお尻が重い。この時は旅行ついでの途中下車を目論んで実行した。しかし、撮影時間は20分も満たないため、野辺地駅のスナップだけの駆け足撮影だった。この南部縦貫鉄道との対面は、この1度だけの10数分間で終わっている。どのような写真が撮れるかは、自分自身の挑戦でもあった。他のカットも多少あるが、乗客の顔が写るカットが多いために割愛している。

JR側の跨線橋からの眺め。背景の木立は鉄道防雪林で、鉄道記念物に指定されている　野辺地　1996年4月1日

跨線橋の壁には発車時刻が貼られていた。ちなみに七戸行きの時刻は、野辺地発7時55分・9時35分・14時15分・16時40分・18時35分の5本で所要時間は全て35分　野辺地　1996年4月1日

左の家屋が南部縦貫鉄道の野辺地駅の駅舎。こちらはJR側の駅前とは違い、駅前には建物などはなく寂しい　1996年4月1日

運転士は上着を脱いで発車の準備を始める。レールバスの右隅の楕円形の製造銘板には、「宇都宮・富士重工・昭和37年」と記載されている　1996年4月1日

レールバスのサイドミラーのステーは、かなり難しい曲がりで込み入っている。また、正面の長方形をした通風口は、四隅がガムテープで塞がれ、車体と同じ色で塗られていた　1996年4月1日

レールバスの運転台は両サイドにドアがあるため、中央に置かれている。窓の中央のステーを見ると、昭和30年代にバスの女性車掌がステーを握り、折り戸を押し引きしながら開け閉めをしていたのを思い出す。このドアにはノブがあるので、ステーはガラス保護のためのものだ　1996年4月1日

マフラーは屋根に付いているが、これは継ぎ足して付けられたのかはわからない。模型の好きな方々、排気の汚れのウェザリングはこんな感じです　1996年4月1日

レールバスが停車する南部縦貫鉄道の駅舎側から、JRホームを見る。マフラーからの煤煙の汚れは限られた狭い範囲で、思ったより汚れの広がりはないと感じた　1996年4月1日

JRからの乗客が乗り換え乗車する。ホームは土と柱の角材で、常設というより簡易的な作り。行先板は穴空きの車体側にフックするタイプで、国鉄やJRでは見られない　1996年4月1日

栗原電鉄 東武鉄道からやって来た機関車

東北本線の石越から20数km先の細倉まで を結んでいた地方私鉄だ。その過去については省略させてもらうが、最終的には第三セクター鉄道のくりはら田園鉄道となり、2007(平成19)年3月31日に路線は消えてしまった。

ここを訪ねたのは4両の機関車の存在が大きかった。しかし、その機関車たちも、訪れた年の1987(昭和62)年3月末頃に貨物輸送が廃止となり、走行写真は撮れなかった。そのため、当初より沿線の風景や走行中の車両写真などは求めず、石越から2駅目の若柳の車庫だけを目的とした。

この車庫に行くため、石越から栗原電鉄の電車で若柳へ向かうには1時間は待た ないとダメだった。距離的にはタクシーで行っても料金がしれているため、若柳駅まで向かった。駅前でタクシーを降り、改札口から構内を見渡すと、地方私鉄としては構内が広いと感じた。駅での撮影が終わり、車庫へと向かう。ボクがここで興味を持っていたのは、元・東武鉄道の日光軌道線からやって来たED351だ。その本命の機関車は、機関車が集まる一群に置かれていた。

目的達成後は構内をぐるっと歩き、他の車両たちも一通り撮影した。その後は電車に乗って再び石越に戻り、各駅停車の50系客車に小1時間乗車して、20年ぶりに中尊寺に足を向けた。

若柳庫内で休む左の電車は1M車のC151。右のホームに停車している2両は、元々は国鉄のクモハ11で、その後に西武鉄道に譲渡され、改造後に栗原に来てM17＋C17となった　1987年6月13日

車庫がある若柳駅は、当時はどこにでもあるような駅舎だった。なお、電話ボックスの屋根が赤または緑のタイプは、1969年～1985年製のもので、現在でもほんのわずかだが存在している　1987年6月13日

よく見かける足回りを外した貨車。3両が倉庫として使用されていたようだが、間に挟まれた小さな建物は、屋根や大きさから見て、祠のような感じに見える　若柳　1987年6月13日

味がある木造の車庫内で休むのはM151で左の電車はM152。車庫の詰所から出て来た人が、何の作業をしていたのかはわからなかったが、咥えタバコで鍬を持ち、土を掘り起こし始めた　若柳　1987年6月13日

車庫内ではED201が整備中だった。ホイストから下がる鎖には、足回りの車輪がかけられていた。この機関車のED201〜203の3両は全てが保存されたようだ　若柳　1987年6月13日

ボクが小学6年生の時、日光に修学旅行へ行った。泊まった旅館の2階窓から日光軌道の路面電車を見ていると、道路の真ん中を茶色い機関車が貨車を引いていた。それがのちのED351で、その姿が強く印象に残っている　若柳　1987年6月13日

ED351の裾は丸みを持ち、屋根は張り上げでボディには角張ったところはない。色彩はアニメや玩具のような感覚の塗装のため、ブリキのおもちゃをそのまま大きくした感じだ　若柳　1987年6月13日

新潟交通 除雪列車の試運転で貴重な本線走行

新潟交通に行ったのは1985（昭和60）年5月だった。仲間数人で上越新幹線とレンタカーを使って、蒲原鉄道に出掛けた時が最初だった。その時は蒲原の撮影後に、レンタカーで燕三条駅に向かい、燕三条から3kmほど先にある燕駅に行ったところで、越後交通を覗いて見ようと話が進み、その流れで30分ほどの撮影をした。その後は5年半ほどが経ち、今回掲載した90年代後半までは御無沙汰していた。

前回は30分で終了したため、個人的に本命だと思っていた白山前（旧県庁前）から東関屋間の併用軌道2.6kmの区間と、電動貨物車のモワ51を撮りたいと思っていた。そんな中で、決定的となる撮影の動機が到来した。それは、冬に備えて除雪列車の試運転

が東関屋〜燕間で行われる話であった。これは、国鉄のキ100形を中古で購入したキ116を、モワ51が後ろから押して、途中の一部の駅に停車しながら燕まで行き、帰路はモワ51がキ116を引いて東関屋に帰る運転だ。

この時代、モワ51やキ116には定期使用がないため、東関屋の車庫で撮影するだけだったが、この時はコンビで本線走行してくれる。それなら行くしかない！　そんなことで友人の空撮カメラマンと前日の夜行バスに乗り、翌早朝に新潟に到着した。併用軌道を皮切りに車庫を訪ね、燕方面に向かいながら撮影をして、上越新幹線で帰路に就いた。

キ116＋モワ51が六分駅で上り電車と交換した後、ゆっくりとこちらに向かって来た　1990年12月26日

市役所前交差点の中央に建つ、味のある戦前のタイル張りの古いビルが白山前駅　1990年12月26日

小田急2220形が1985年に譲渡された。単車では使用できないため、通勤時間帯のみ使用　1990年12月26日

通勤時間帯の中、白山前駅の手前で信号待ちをしている列車。なお、右手の敷地は新潟市役所　1990年12月26日

白山前駅から東関屋駅の併用軌道の区間は、道幅があまり広くない。江ノ電の腰越通りと似ている　1990年12月26日

東関屋の車庫に行くと、洗車線では冬支度のためにワラと木材で雪除けが作られていた　1990年12月26日

燕方面に向かう車内では、行
商人のおばさんが車内の暖かさ
につられ、居眠りをしていた
1990年12月26日

蒲原鉄道 地方私鉄の魅力を兼ね備えた鉄道

　地方私鉄の中で、この蒲原鉄道には5回ほど訪ねている。早い話が魅力を感じる鉄道の上位だった。その魅力とは、車両以前に、駅舎などのシナリーと人々や情景を求めるには最適だったからだ。また、車両の顔ぶれや沿線風景も申し分なく、いい所であった。このような要素が複合しているからこそ引き寄せられ、何度も通うハメになったのだと思う。

　先ほど述べたが、駅舎やその他の設備などが戦前のままで、ほとんどが手を加えられずに、時間が経過したままで佇んでいるのが嬉しく感じた。もっとも1970年代であれば、この蒲原に限らず、消え去った地方の中小私鉄はこのような風情が大半であり、それ以上の渋さを持っている場所はゴロゴロとあったに違いないと思う。しかし、その時代のボクは、首都圏の国鉄や全国の蒸機を求めていた頃であったため、これらの鉄道に関しては興味の対象外であった。

　何やら蒲原のことから話題が外れてしまい、すみません。さて、この蒲原に来る最初の動機は、貨物列車が村松～五泉間で運転されていたこと。また、自分好みの、どうも田舎臭い匂いがプンプンする風景のようだな、という部分がきっかけだった。それに加え、何度か出掛けることができたのも、1982（昭和57）年に上越新幹線の開業に伴い、通うのが便利になったことも大きな要因であったのは間違いない。

大蒲原駅のホームで電車を待つ家族。冬の季節はベンチや椅子は積雪で埋もれるため、ホームには置かないのだろうか？　日本ではこのような情景は早々に見られなくなった。何かピクニックに来ているような雰囲気だ　1982年8月

大蒲原駅は無人駅。軒下にぶら下がっている誰かが作った、てるてる坊主が目に止まり、思わず1枚撮った　1982年8月

大蒲原駅の駅事務所には、戦前に見られた電話機が備え付けられ、時が止まったままでいる。電話機は本体が木製で、受話器の部分はエボナイト製　1982年8月

大蒲原駅の加茂方面に向かって線路を歩き始めると、蛇が電車にひかれて切断していた　1982年8月

大蒲原の駅舎の全景で、手前は便所の一部。行商のおばさんが下車して、得意先回りに向かう　1982年8月

大蒲原駅に到着した乗客たちは、運転士に切符を渡して降りて来る。乗客は年配者が多かった　1982年8月

麦わら帽子にランニング姿、肩に汗拭きタオルを乗せて、車窓を眺めるおじさん。腕にははっきりと日焼け跡が残っているので農家の人だと思う。また、指先は見えないが、燃え尽きそうなタバコを持っていた。現在ではこのような格好で電車に乗る人は日本ではまず見ることはない　1982年8月

大蒲原駅で見かけた家族と、行商のおばさんと一緒に乗車した。画面左の行商のおばさんは荷物を脇に置き、タバコに火を付けて一服中。なお、車内には灰皿は付いてないが禁煙ではない。そのため、木造の床には、踏みつけて消したタバコの吸殻がいくつも見られた。何とも大らかな時代だった　1982年8月

大蒲原〜高松間では、山の尾根の稜線が３つ重ねて見えた。手前の平野部は田んぼや畑で、その中をローカル線らしい単車が走る風景は、模型のレイアウトのような景色だ　1982年8月

田舎の夏の光景らしさを撮影したいと思い、冬鳥越〜土倉間で草木が目立つ線路を望遠で撮った。3枚窓の中央に見えるのは運転士で、両サイドの窓下は、風が入るように開けている　1982年8月

五泉～村松間には貨物列車が1往復設定されていた。しかし、この列車の片道は荷物なしの単機の時もあった。また、機関車と貨車と電車の混合列車も目撃している　1982年8月

寺田付近は平野であり、絵作りがこれといってできなかったので、畑仕事の人でも入れて撮影しようと待っていると、加茂方面から思いがけなくED301が牽引してやって来た　1982年8月

青森駅のスナップ

　1度ぐらいは話のネタにしようと思い海峡線に乗車した。函館・青森の他、弘前・角館などにも足を延ばし、数十年ぶりにその地を訪ねる旅に出掛けた。函館には往路も復路もガラガラに空いていた「海峡」に乗車した。青函トンネルのある海峡線を乗車するにあたって、ED79が牽引する客車列車の「海峡」を選択するのは鉄道好きの証であろう。

　始発の青森駅のホームに降り立ったのは1975（昭和50）年以来、21年ぶりであった。当時は青函連絡船があった時代で、駅構内の賑わいは、以前との光景の違いを見て驚いた。その閑散ぶりは、70年代でいえば、

急行列車が停車する程度の駅のイメージになり、随分と静かになった印象だった。しかし、青森駅には、以前の上野駅の13〜19番線で見られた、移動販売の売店が90年代になっても存在していたのは有り難かった。

　また、列車を待つ乗客がベンチ以外の場所でしゃがんだり、座ったりする光景は、この時代の東京では、まず見る機会がないので、いいチャンスに出くわしたなと思った。この写真を撮影してから24年が過ぎ、現在はあの時の移動販売の店も消滅していると思うが、もう1度、青森駅に行って見たいと考えている。

ED75を青函トンネル使用するため改造されたED79。快速列車なのだが、円形のヘッドマークを付けていると、ブルートレインを牽引する特急列車のように見える　1994年8月23日

おばちゃんたちが跨線橋の鋼材の古レールに腰掛け、列車を待っている。昭和40年代に見た光景のように感じた。なお、停車中の485系の「はつかり」は2002年に消滅している　1994年8月23日

一般的に移動販売の売店は、常設のキヨスクとは違い、他の駅でもおじさんが売り子をしていた。この大きな台車の移動となれば、確かに女性には無理があるかもしれない　1994年8月23日

地方私鉄 上州・信越編

長野電鉄・屋代線 ややがっかりした路線風景

　長野電鉄は、通称・木島線の12.9kmが2002（平成14）年3月に廃止し、さらに10年後の2012（平成24）年3月には、今回掲載している屋代～須坂間の屋代線24.4kmも廃止された。現在は長野線と呼ばれている、長野～湯田中間33.2kmの1路線だけとなり、長野電鉄として以前の半分ほどの営業距離となっている。

　ボクは長野電鉄に1982（昭和57）年と1986（昭和61）年に出掛けている。しかし、結局のところ撮影は屋代線だけで終わっている。それというのも、日中はローカル線らしく単車の運転もあるので、屋代線に目が向いたからだ。また、この頃の東急電鉄では、初代5000系に大量の余剰車があったため、それを更新して多数の地方私鉄に譲渡

していた時代だった。そのため、長野電鉄にも、何度かに分けて増備導入され、2500系と名乗って使用されていた。

　さて、初めての撮影にあたって、屋代線は単車を走らせていることから、その路線風景も田舎の雰囲気だろうと期待をしていたが、ややがっかりした思い出がある。沿線の駅舎などは時代を感じさせるモノではあったが、極端に「くたびれた」印象を持つほどではなかった。早い話が古さはあるが、ボクがそそられるほどの、"やつれ感"はなかった。これは、以前に訪れた蒲原鉄道や紀州鉄道の建造物や車両などと比べてしまうことで、その"田舎"のハードルが上がってしまっていたのであろう。

松代駅から須坂行き列車を見送る駅員。単車で去りゆく1501は、中古購入ではなく自社発注車　1982年5月

松代駅に進入する2500系。1982年10月頃までは、左側に見える腕木信号機を使用していた　1982年5月

2500系の車内。長野電鉄は2連10編成、3連3編成の2500系を所有していた　1982年5月

須坂駅前の古い建物の前に立つ大看板は、インパクトがある。「ラジカセ」は、何年生まれの人たちまでに愛用されたのかな？　1982年5月

廃線後の現在でも、この松代駅は存在している。今はリメイクされて小奇麗になっている　1982年5月

須坂駅の跨線橋で待っていると、屋代線のモハ1500形＋クハ1550形が入って来た　1982年5月

須坂の車庫を訪れると、1977年1月に東急から最初に入線したモハ2601が休んでいた　1982年5月

上田交通 足繁く通った別所線

　地方私鉄の中で、この上田交通ほどボクが足を向けた路線はない。それは、父親の故郷がこの上田の少し先にある、しなの鉄道の坂城のため、叔父宅に行く時は、道草するような感じで訪ねた。もっとも、この路線に通った時期は、通称「丸窓電車」ことモハ5250や、雑多な車両が混在していた1986（昭和61）年の750V時代までの話で、1500V後には1度も訪ねてはいない。

　最初に訪ねたのは、上田丸子電鉄時代の1969（昭和44）年。別所線の他、上田東〜大屋〜丸子町の丸子線と、電鉄上田〜本原〜傍陽・本原〜真田の分岐路線の真田傍陽線があったので、この消えた2路線も13歳の時に、わずかながら撮影した。そのため、

ボクがよく知っているのは別所線だけというのが本音。

　この路線の印象は、日中は単車で運行されるが、通勤・通学時間帯には、2両編成で運行されていたことだ。この2両編成の中には、単車のモハに、単独のトレーラー、クハを連結した編成がある。この編成の場合、トレーラーの全てが同じかはわからないが、ボクが乗車した列車のトレーラーはドアエンジンがないため、途中駅で下車して、開いたままのドアを車掌がホーム側から手で閉めていた。当時の国鉄の客車は開けっ放しで走っていのに、上田は偉いゾ！と印象に残っている。

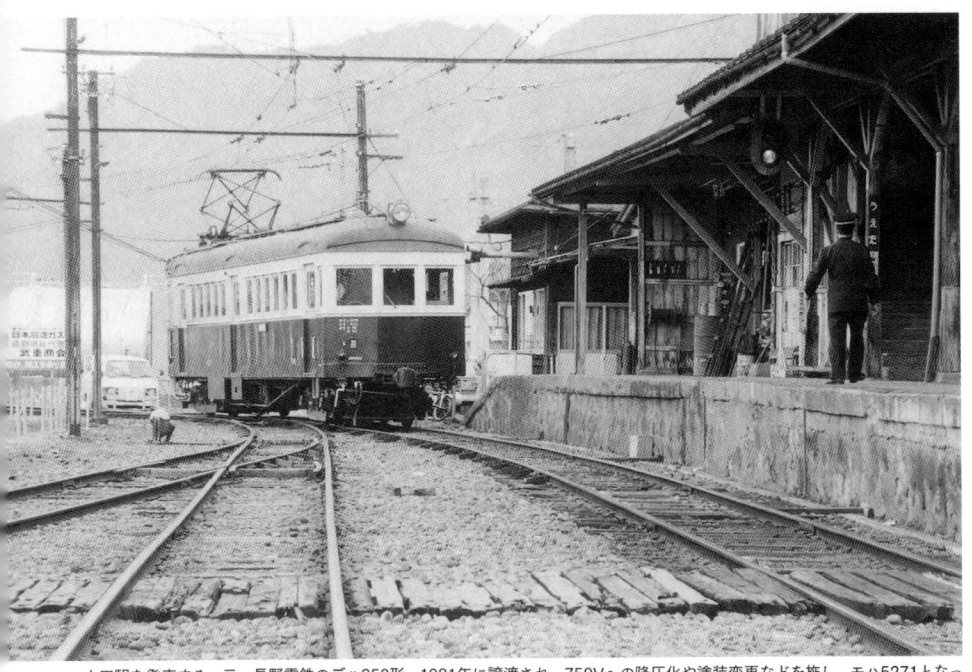

上田駅を発車する、元・長野電鉄のデハ350形。1981年に譲渡され、750Vへの降圧化や塗装変更などを施し、モハ5271となって使用された　1982年11月2日

中塩田～塩田間にある踏切付近に上田方面からの電車が見えてきた。この踏切の10数m後ろにも、遮断器付きの別な踏切がある。変わった場所だ　1981年10月

八木沢～別所温泉間の勾配区間で、車検上がりの綺麗なモハ5253を流し撮りした。写真の右がわずかに高いのは、別所温泉側の標高が高いためだ　1982年11月23日

上田駅での発車待ちのスナップ。車内は当然クーラーがないため、少年は落とし込み窓を開けた。「丸窓電車」の戸袋の楕円窓は魅力的だった　1982年8月

上田駅では、折り返しの乗務に就く運転士が、軍手を着用しながら電車に乗り込む。現在は高架線上の駅となり、その様子は変わってしまった　1982年8月

車内では、途中の無人駅から乗車した乗客に対して、車内補充券を発券するため、パンチを入れる　1981年10月

上田から4つ目の上田原には車庫があった。写真は上田方面からの眺めで、上田原駅は1番右側に留置されている、電車の後方にある　1981年10月

上田原車庫の脇には、廃車体や倉庫代わりにしている車体、車体を利用した展示室までも並ぶ。ここには部品取り用の素材など、電車や貨車がゴロゴロと置かれていた　1981年10月

上田原駅を別所温泉側から見る。右のホームが下り線で、左側が上田方
面の上りホーム。下り側の先端には駅本屋がある　1981年10月

上田原駅の上りホームに電車が到着。駅員が出札口に立ち、切符を受け
取り、運転士は乗務交代をする　1981年10月

上田原駅を上田方面から見た光景。上田からの下り電車が到着し、乗客は右手の建物の待合室に入り、駅から出るのが本来のルートだが、そこを通る人はわずかだった　1981年10月

上毛電鉄 珍しい存在だった貨車を牽引する電車

この時代、上毛電鉄での興味の的は、機関車の代わりにタンク車を引く電車のデハ100形の光景が、定期列車として見られることだった。この列車は、東武鉄道と接続する赤城駅から起点の中央前橋駅の2つ手前にある三俣駅の油層所までを運転していた。

これより以前の1970年代頃までは、少なからず地方私鉄の電車が、機関車の代わりに貨車を牽引することが日常的に行われていた。不定期も含め、貨物扱いをしている鉄道では、機関車を所有しているにも関わらず、電車で日常的に牽引していたのである。しかし、80年代となると、混合列車と同じで、限られた鉄道だけとなってしまい、この時代としては貴重な存在となっていた。

ましてや、貨車は貨車でもワム車などのような2軸貨車を引くのではない。タキというボギー台車の4軸貨車を2両牽引するのだ。貨車自身と積載荷重を合計すれば、1両で約60tとなる重量を2両牽引する。ギヤ比率を変えても、戦前の吊り掛けモーターのパワーでの走り出しや勾配区間、あるいはブレーキ扱いなど、素人が考えても大変な作業ではないかと思っていた。このような運転は珍列車とはいかないまでも、この頃では珍しい存在であったので、地元の鉄チャン数人と、日曜日の早朝に車で大胡の車庫を訪ねたのを皮切りに、沿線をロケハンしながら1回だけ訪ねた。

赤坂〜前橋病院前信号所（現・心臓血管センター）間を走る、機関車代用のデハ101が三俣駅へ向かう。この当時、デハ101は平日の通勤時間帯に増結車として使用されていた　1984年10月14日

新里駅では、乗務員と駅員がタブレット交換をしている。左に見える電車は廃車となったデハ181で、数年前から置かれていたようだ　1984年10月14日

大胡駅で上下列車が交換し、発車した後は側線に待機していた貨物列車が出発するので、手動でポイントを切り替えていた
1984年10月14日

大胡車庫の前には、倉庫として使用しているのだろうか、鎮座した車体が置かれていた。また、本線を跨いだ側線の手前には、デハ171が見られた　1984年10月14日

大胡車庫であれこれ撮影していると、中央前橋方面から電車がやって来た。古い木造の詰所と車庫が"いい味"だったので一緒に撮った　1984年10月14日

新屋〜粕川間を行くデハ230形＋クハ30形。これは元・西武鉄道のクモハ351形＋クハ1411形で、8本が譲受され、1990年まで使用されたようだ　1984年10月14日

建て替え前の新里駅前と便所。バスは日野Ｋ－RL321で、1980年〜1981年に制作された。日野RLの第3期の製造に属するようだ。間違えていたらゴメンナサイ！　1984年10月14日

上信電鉄 次こそ沿線から狙いたい凸型機関車

　いつの日か、ちゃんと訪ねて見ようと思いながらも、半世紀近く経ってしまったのが、この上信電鉄である。ボクが中学生時代、当時はまだ八高線に使用されるD51やC58、足尾線用のC12、入換用の9600などの蒸機たちがいた機関庫が、この上信電鉄構内の、高崎線を挟んだ向こう側の場所にあった。当時はこれらの機関車を目当てに2回訪ねた。その時、高崎に到着する手前の車窓からは、上信の凸型の機関車が目に入る。今度、時間がある時に来ればいいや、と思っていたが、結局は足を向けなかった。

　ボクが鉄道写真を再開した80年代初頭頃には、時間が多少あったので、構内には立ち寄ったが、沿線には向かわず高崎のみで終わってしまった。その他は、車で上越線の水上方面や信越本線の碓氷峠などの撮影時に、行きか帰りの途中で高速のインターから降り、沿線で軽く撮影する程度はした。

　そんなことばかりで、今でも終点の下仁田まで乗車したり、撮影はしたことがない。中途半端なままだ。現在でもドイツ・シーメンス製の凸型が、イベントや事業用列車で不定期ながら運転されることがある。このような列車が運転される時には、沿線の行ったことがない下仁田寄りの区間に、今度こそは出掛けたいと思っている。

高崎駅の車止め側のフェンスには、手が込んだデザインの案内文字が見られたが、現在は改良されて見ることができなくなった
1994年2月12日

高崎駅から隣の南高崎駅にある、セメント貯蔵所に向けて発車準備中の凸型機関車の1号機。以前はプッシュプル運転も行っていた　1981年2月1日

現在、本線走行は難しいようだが、この頃はまだ使用できる状態だったED31。当時はピンク色の車体に白の帯が入っていたが、現在は茶色になった　1981年2月1日

吉井駅の側線には、円形の快速の看板を付けたデハ20が休んでいた。デハ20は側面のドア付近の裾に特徴がある車両だ　1981年3月8日

吉井駅ホームの待合室から見る、進入する高崎行きのデハ200。待合室内には「ゴミ入れ」ではなく、「屑物入れ」と書かれている箱が置かれていた　1981年3月8日

山名駅付近の小さな踏切の坂道で、梅の木とお地蔵さんが目にとまった。下仁田方面からデキが2両の貨車を引いてやって来た　1981年3月8日

電車をどこの場所で撮ろうかオロオロしていると、馬庭駅付近に築堤があった。1本ぐらいは流し撮りでもと思い、撮影をした　1984年10月14日

碓氷峠の記録

　北陸新幹線の暫定開業として、高崎～長野間が1997（平成9）年10月1日に、便宜上の長野新幹線として開業をした。この時に、在来線の信越本線横川～軽井沢間が廃止されたのはご存知だと思う。この廃止された区間は、急勾配のため、電車に機関車が連結される特殊な運転がなされ、通称「碓氷越え」とも呼ばれていた。一般の方々には、軽井沢や長野に向かう途中、駅弁で知られている「峠の釜めし」で有名な場所と言えば、わかってくれるであろう。

　この碓氷峠を最初に訪ねたのは、1981（昭和56）年頃で、まだこの区間には貨物列車の運転も見られたが、1984（昭和59）年に中央本線や上越線経由は変更されて貨物列車は見られなくなった。もっとも、頻繁にこの区間に足を向けたのは、90年代に入ってからで、それも横川側から軽井沢寄りにある、旧丸山信号所のあったレンガ積みの変電所付近までだ。それより先の軽井沢寄りは数えるほどしか足を向けていない。

　鉄道撮影を楽しむ方で、年齢的には30代中頃以上の首都圏にお住まいの方は、多分、丸山付近ぐらいまでは、撮影には行かれていると思う。しかし、消えてもう20年とは、月日が経つのは早いものだと痛感する。

横川から旧中山道を軽井沢方面に1km程行くと砕石工場がある。許可をもらい、長野色の115系3連＋EF63重連を撮る。この区間は普通列車の運転本数が少ないので貴重だ　横川～軽井沢　1996年9月24日

横川駅にある「碓氷峠鉄道文化村」の敷地より、少し軽井沢寄りにあった看板。編成写真が最も重要視されるが、このような写真も脇役ながら所在地の証の一つだと思う　横川〜軽井沢（横川付近）　1996年9月25日

この写真も「編成写真命！」と、熱き思いの熱血鉄チャンたちは撮影しない写真だ。ラックレールの廃材を利用した踏切の柵も、高速道路の吊り橋も、碓氷峠を象徴する記録です　横川〜軽井沢　1996年9月24日

地方私鉄 常磐線沿線編

日立電鉄 *1度だけの撮影も「思い通り」の結果に満足*

　常磐線の沿線からはいくつかの私鉄が出ているが、個人的には、この沿線で東京から1番遠出をしたのは、日立電鉄だ。この路線は、常磐線の大甕駅と接続するが、ここが起点ではなく途中駅。起点となる駅は北北東に向かって6.6km先にある鮎川駅である。また、ここから北西に向かって11.5km先には終点の常北太田駅があった。この常北太田駅は、水郡線の常陸太田駅と隣接していた。

　この日立電鉄の撮影は、1984（昭和59）年に1度だけの撮影に終わっている。それは、全線を一通り見て、撮影したいと思う場所で十分に撮れたからだ。今のデジタルカメラなら、その場で写真を確認はできるが、当時は現像しなければわからなかった。しかし、この時は自分なりに手応えを感じていたので、帰宅後の現像の上がりを見て、「思い通り」の結果に満足したのであった。

　ただ、欲を言えば車両が更新されすぎた感もあり、やや納得できない点もあったが、それは自分が早く撮影に行かなかったことが悪いので、しょうがないことだとわかってはいる。しかし、そのケチを付けた電車も、東京から中古の地下鉄を購入したため、廃車が進み一線から退くことになった。その後の日立電鉄は、導入した地下鉄の電車と共に、2005（平成17）年3月31日に消えてしまった。

鮎川駅を出て行く電車をファインダー越しに見ていると、突然583系が飛び込んできた　1984年1月7日

鮎川駅の踏切には小魚が天日干しされていた。魚の種類はわからないが、加工用だと思う　1984年1月7日

乗車すると、先頭はこのような展望になっているため、子供や鉄チャンが陣取っていた　1984年1月7日

小沢駅付近の小川に架かる木橋は、橋桁も鋼材やコンクリートは使用されていなかった　1984年1月7日

電車が来るまでの間、暇つぶしに歩いていると、大橋付近でホーロー看板が目に入った　1984年1月7日

小沢〜常北太田間を流れる里川の土手や河川敷では、あちらこちらで牛の姿が見られた　1984年1月7日

車庫がある久慈浜駅に電車が進入してきたので、逆光気味だったが車庫越しに狙ってみた　1984年1月7日

大甕駅付近の住宅では、窓を全て開けて、布団と洗濯物の天日干しをしていた　1984年1月7日

田舎らしい農家で、おめかしした兄弟がいたので、電車が来るまで待ってもらい、1枚撮らせてもらった 1984年1月7日

茨城交通 貨物ナシでも魅力的だった混合列車

この当時は、機関車などの動力車が、貨物と旅客車を一緒に牽引する、いわゆる混合列車を定期列車として運行していたのは限られたところであった。ボクの記憶が間違っているかもしれないが、それは3ヶ所ではなかったかと思う。青森の津軽鉄道、岡山の片上鉄道、そして、この茨城交通だと記憶している。鉄道雑誌でその情報を知り、この混合列車を撮りたく思い、数人の仲間と訪ねた思い出が残っている。

もっとも、どこの鉄道でもそうだが、定期列車に設定されていても貨物がない時もある。そうなると、「機関車＋旅客車＝ガッカリする」となる。とは言っても、茨城交通の場合は、貨物ナシでも、「ディーゼル機関車＋ディーゼルカー＝でも嬉しいナ！」となった。今のように情報収集が便利ではない時代、行って見なければわからないのだ。

まして、仲間と行けるのは、週休2日制がまだ浸透していないため、日曜日だけという時代だ。毎回そんな不安を抱えながら撮影をしていた。この列車の存在を以前から知っていればという気持ちもあったが、混合列車が走る勝田〜那珂湊間での撮影は、畑や田んぼなどの平野部だけでこれといった撮影場所がなく、絵柄に困る区間だった。なお、この混合列車を撮影に行ったのは、この時の1度だけであった。

勝田駅で発車を待つ混合列車。この時の編成は、機関車＋貨車3両＋ディーゼルカー1両だった　1984年1月7日

金上～中根間の北側は田園地帯が広がる。上りの機関車＋ディーゼルカーが勝田へと向かう　1984年1月7日

勝田駅から那珂湊駅に向かう混合列車を、金上～中根間で俯瞰ができる場所から撮った　1984年1月7日

金上〜中根間で、次はどこで撮ろうかと考えているうちに踏切が鳴った　1984年1月7日

勝田駅で、ケキ103のサイドを撮る。タイフォンや動輪のロッドが時代を感じさせる　1981年8月16日

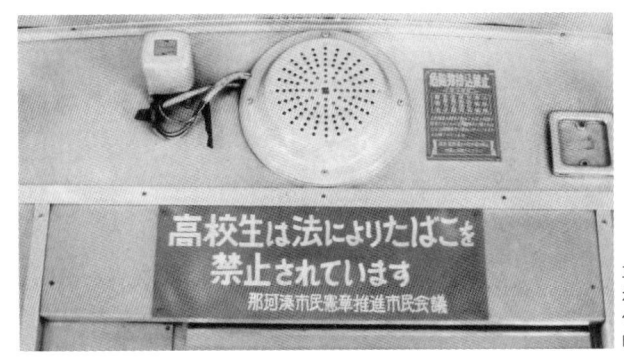

車内のドア上には、このような表示（「高校生は法により〜」）が取り付けられていた。この風景も日常的だったと思う　1981年8月16日

那珂湊駅ではケキ103が入換中だった。顔が半分見えるのは元・留萌鉄道のキハ1001　1981年8月16日

那珂湊駅の下りホームで列車を待つ乗客。右側に古い車庫が2棟見えるが、現在は建て替えられている　1981年8月16日

那珂湊駅寄りの車庫には、洗車用の足場があり、機関車がいる場所にはホイストの設備がある　1981年8月16日

有名車両のケハ600！日本初のステンレス製のディーゼルカーで、現在は車体のみ保存されている　1981年8月16日

茨城交通の職員が、新塗装のクリームと青は、国鉄電車よりウチの方が早く取り入れたと言っていた　1984年1月7日

沿線で海を入れて撮影できる場所はないかと探し、何とか見つけたのが平磯駅付近の高台だった　1984年1月7日

終点の阿字ヶ浦駅は広々としてはいるが、回りは宅地だけ。この時は海水浴場に向かった　1981年8月16日

鹿島鉄道 珍品機関車撮影時の職員の心遣い

この沿線を1日中フルに撮影したことはないが、常磐線沿線から出ている地方鉄道の中で、回数的には1番多く訪ねたと思う。特に石岡だけでよく撮影した。それは、他の鉄道へ車で出掛ける時などに、行きか帰りのどちらかで、出先ついでに立ち寄ったことが何度かあったからである。

ここでは、この鹿島鉄道の石岡でのスナップを中心に見て頂きたい。当時は自衛隊百里基地へのジェット燃料輸送のために、石岡～榎本間に貨物が設定されていたが、榎本駅の構内だけは、職員の人たちから「ここで写真は撮らないでくれ」と何度か言われたことが印象に残っている。多分、駅構内にはパイプラインの施設があったため、テロ対策のためだと思う。

この貨物で思い出すのは、ここで使用されていた珍品機関車、DD901を撮影しに出掛けた時だ。その日は石岡機関区に行くと、国鉄のDD13タイプのDD902は構内に停車していたが、DD901は車庫の中にいるので顔しか撮れない。何とかならないかと職員の方に頼むと、機関車のエンジンをかけ、エンジンが温まると庫内から出してくれた。この鹿島鉄道のジェット燃料輸送も、2001(平成13)年にはトラック輸送に変わり、列車輸送は消え、鉄道自身も2007(平成19)年3月31日には廃止されてしまった。

機関区事務所と車庫の2棟が一体になっている。事務所の奥には、戦前のままの工場がある　石岡機関区　1993年2月13日

工場の天井には、プーリーとベルトが3組見える。モーターはひとつで、ベルトのたわみと締め付けによって、複数の機械を停止・作動する仕組みだ。現在は見ることが皆無に等しい　石岡機関区　1993年2月13日

機関区で働く人たちは、朝礼の後に点検や
修繕作業などに分かれ、それぞれの仕事を
始めた　石岡機関区　1985年2月10日

庫内から影にならない日当たりのいい場所に移動し、機関車を真横から撮影できた　石岡機関区　1985年2月10日

待合室と事務所併用の建物や、屋根のトヨ下にある雪除けなどは時代を感じさせる　石岡　1985年2月10日

到着列車に増結するため、駅員が構内作業を兼任する光景は、今のJRでは見られない　石岡　1985年2月10日

百里基地へジェット燃料輸送中の霞ケ浦湖畔を走るDD902。自社発注機で中古車ではない　桃浦〜八木蒔　1985年2月10日

これといって撮影する場所がなかったので歩いていると、焚火が目に入る。最高の鉄道情景だ　玉造町〜榎本　1985年2月10日

玉造町駅まで来ると、この先は勾配の関係
で列車を2本に分け、榎本までは分割運転
していた　玉造町〜榎本　1985年2月10日

線路脇には小さな牧場が。日が短い季節で光量は少ないが、牛を入れたサンセット　玉造町〜榎本　1985年2月10日

筑波鉄道 レンコン畑での作業情景

大洗海岸に遊びに行った時は、土浦行きの電車に乗車した。土浦で下車後は、後続の客車列車が来るまでの時間、筑波鉄道や土浦駅のスナップを撮った。これが筑波鉄道の最初の撮影だった。

その後は、鉄チャン仲間と車で鹿島鉄道を撮影した帰路、東京に向けて水戸街道を走っていると、土浦の郊外で、筑波鉄道の線路とオーバークロスをする。まだ、日暮れまでは1時間半ほどはあるから、このあたりで道草をして行こうかと話がまとまった。道路地図帳を見ると、この地点から400m程の筑波寄りには虫掛駅があるので、そこへ向かうことになった。駅のホームに立ち、

最初の列車はすぐに来るので、駅の先端付近から撮影した。次の列車も車両本位の走行写真ではつまらないので、それなら絵柄作りに情景写真にしようと思い、レンコン畑で作業している農家の方に声をかけて話をすると、撮影を承諾してくれた。

余談だが、過去において、農家の人の協力で、田植えのシーンやビニールハウスからの展望、庭先の情景を入れ込んでの風情など、いろいろと撮影をさせてもらった。レンコン畑の作業情景はこれが初めてだった。そんな撮影が思い出として残るこの筑波鉄道も、国鉄からJRに生まれ変わった同日の1987(昭和62)年4月1日に廃止された。

筑波鉄道が使用する1番線の反対側の2番線は、常磐線の下りホーム。2番線側の長椅子の下には、どこから来たのかわからないが犬がいた。今では、まず駅の中で迷い込む犬は有り得ない　1981年8月16日

水戸線の岩瀬〜土浦間40.1kmを約1時間10分かけて土浦駅に到着したキハ821。このディーゼルカーは元・国鉄のキハ10だが、比較的オリジナルの姿をとどめている　1981年8月16日

折り返しまでの時間は長椅子で乗務員が小休止。こちらのキハ761は1957年に製造され、北海道の雄別鉄道からやって来た。国鉄のキハ21と姿は同じで、大きな改造はされていない　1981年8月16日

虫掛駅に停車する下り列車。筑波鉄道には、桜の木を植えた駅が多かった気がする　1985年2月10日

中央付近に見える黒い建物が虫掛駅。列車交換をしたので、画面の両サイドに単車が見える　1985年2月10日

虫掛駅付近の平野部はレンコン畑が続く。背景の山の尾根の1番左には筑波山が見える　1985年2月10日

ホームにあった虫掛駅の表示板は年季が入っている。スス
キがあるので廃駅感も漂う　1985年2月10日

畑から上がり、洗浄場までレンコンを引く。寒い季節の作
業は冷たくて辛いと思う　1985年2月10日

レンコンに付いている泥を水洗いし、水切りの後に箱詰めする中、空が赤くなり始めた頃に列車がやって来た　1985年2月10日

赤系統の機関車のこと

　首都圏で、以前は車体が赤系統の色をした電気機関車を多く見るのは、常磐線沿線がメインであり、ボクが少年時代の1970年頃までは、今より使用線区がハッキリと分かれていた。山手線の西側に在住のため、日常的に見られる電気機関車は、大雑把に言えば茶色が大半で、一部が青を見て育ったため、赤系統を見るのは、近い場所でも上野や田端まで行かないとお目にかかれないことや、車種はEF80だけしか見たことがなかった。

　そんな少年期から10数年が経過した1980年代、地方私鉄の魅力に目覚め、日帰り撮影に出掛ける機会が増え始めた。その方角

のひとつとして、常磐線沿線は何度も出掛けている。もっとも、大半は同じ仲間と車で訪れることが多く、列車で向かうことはわずかであった。基本的には、ボクは機関車派なので、その姿を見れば1枚ぐらいは撮影するが、この赤系統の機関車に関しては熱心には撮影はしていない。

　要はあまり写欲がそそらない被写体であった。しかし、さらに10数年経つと気分が一変。客車列車が減少し、ブルートレインだけになってしまい、車両の選り好みができない時代となる。そうなると、ボクの中でもEF81牽引の「北斗星」などがメインディシュになっていた。

水戸駅手前の上野寄り上り線脇には、電気機関車の電留線が見えた。運良く1番手前には、関門トンネル用に4両だけ制作されたEF81の302号機が止まっていた　1981年8月16日

旧型客車の先頭車両に乗車しているので、画面左側には、機関車に手摺と側面の一部が見える。対向の列車は12系客車を牽引する急行「十和田」の上野行きで、機関車は田端区の所属　土浦　1981年8月16日

EF80からED75に機関車交換をした客車列車は、平（いわき）駅まで牽引する。この当時、首都圏で旧型客車の定期運用が最後まで見られたのは常磐線であった　土浦　1981年8月16日

地方私鉄 東海方面編

伊豆箱根鉄道・大雄山線

フィルムを見返して気付いた路線の魅力

小田原～大雄山間の9.6kmを結ぶ大雄山線は、社名や社紋を見ずに電車の車体だけを見れば、東京と埼玉を結ぶ西武鉄道の路線と言われても、鉄道を知らない関東以外に居住している方々は、それを鵜呑みにしてしまうのではないかと思う。

1933（昭和8）年に西武鉄道の傘下に入った大雄山線は、個人的には撮影意欲が湧かない路線である。ならば、どうして撮影したのだと言われれば、単純に暇な時間があったからというのが本音だ（笑）。大雄山線の撮影は、東海道本線の根府川や小田急線などへ撮影に行った時、時間が余ったから立ち寄った程度で、熱意がなかったので

ある。それは、好きな機関車がおらず、電車の見た目も古臭い車両がいないため、ボクにとって魅力がない路線の代表であった。

また、沿線は宅地が多く、東京の郊外的な感じの風景もつまらないと感じた一つの要因だ。しかし、しかしだ。時間が経って、今この撮影したフィルムを見ると、戦前の20m車はこの時代には珍しくはなかったが、ここにいるのは17m車で、大半は1920年代生まれの電車たちだ。古い電車が好きな人たちから見ればバチが当たりそうだ。その時は軽視していたが、撮っていて良かったなと思う路線だと言える。

塚原駅から大雄山方面に向かうと、狩川の鉄橋がある。河川敷には何の集まりかはわからないが、寒空の中、おじさんたちが宴会を開いていた。なお、現在では河川敷には降りられない　1983年12月

大雄山駅は1面2線のホームで、車止めがある改札寄りには、地震計の表示板を目にすることができた。このような場所に設置されているのは珍しかった　1983年12月

大雄山駅から上りの小田原行き列車が発車する。車庫を備えた構内は、まとまりのある配置になっている。初めてこの路線を訪ねた時は、まだ5000系は入線していなかった　1983年12月

飯田岡〜相模沼田間を、置き換え用として導入した5000系が走る。子供たちが車窓を楽しんでいるので流し撮りをした。まだ1月中だったので、「賀正1985」のヘッドマークを取り付けている　1985年1月27日

五百羅漢駅の駅本屋は、木造平屋の間口3軒半ほどで、小じんまりとした大きさだった。しかし、80年代末期には駅とマンションが併用する4階建てにリニューアルされた　1981年8月2日

この飯田岡〜相模沼田の区間は、両サイドが田んぼで開けていたので、編成写真をメインにするにはお手軽な場所だ。季節的には冬だが、「わらぼっち」を入れると、秋の情景に見える　1983年12月

連結面の妻側は、現在の電車と違い3次元曲線になっている。この曲線の制作には、手間暇がかかったと思う。また、車内の内装の浅黒く見える部分は本物の木造で、ニス塗装仕上げだ　1981年8月2日

伊豆箱根鉄道・駿豆線

お座敷列車を牽引したED31

　以前から、伊豆箱根鉄道の駿豆線で活躍する電気機関車のED31の存在は知っていたが、この機関車は、定期運転が行われていないため、撮影するチャンスがなく、時間ばかりが過ぎていた。そんな時に国鉄の団体列車であるスロ81系が入線することになった。そのため、駿豆線内ではED31が牽引するので、近在の鉄チャン仲間数人と撮影に出掛けた。当日の午前中の空は雨交じりで芳しくはなかったが、午後は雨も上がり、撮影を続けることができた。

　最初に訪ねたのは、三島二日町～大場間。ここは晴れていれば富士山を背景にできる沿線では有名な撮影地で、他のファンたちと撮影した。その後は、復路の列車はどこで撮影するかを考えながら、終点の修善寺駅まで向かった。行って見ると、折り返しの機回し作業も終わり、客車を連結したED32号機が電留線で休んでいた。修善寺駅構内のスナップ撮影も終わり、その後は昼食を取り、折り返しの臨時列車の撮影に向かった。撮影後は大場の車庫に単機で戻るED32号機を撮影することになったが、今一歩間に合わず、三島へと向かった。なお、このスロ81系のお座敷列車はその後も入線し、ED31が重連で牽引したと聞いた。

伊豆箱根鉄道オリジナル車両の1000系。大場駅付近のお立ち台から上り列車を流し撮りした　1982年8月15日

左から1000系、3000系、国鉄185系、ED31が修善寺駅で並ぶ　1982年8月15日

修善寺駅には洗面台がある。以前は国鉄の夜行列車が走る幹線の大きな駅でも見かけることができた　1982年8月15日

かつて終着駅などでは、長距離列車が到着すると清掃作業員の方々が、ロープに付けられた竹籠を引く姿を目にした。この修善寺駅でも見かけたが、この頃には、竹籠ではなく樹脂製のようだ　1982年8月15日

修善寺折り返しの「踊り子」号の前に、車内清掃の用具が置かれている。チリ取りは、現在では見る機会が減った。一斗缶を再利用したものは、現在も生産されているのだろうか？
1982年8月15日

機関車には、このお座敷列車のために制作されたヘッドマークが付いている。その後方は清掃作業の集積場所で、詰め込み作業や仕分け作業が行われていた
1982年8月15日

スロ81系の6両編成を牽引する
ED31の32号機。この機関車は、
33号機と共に今も健在だ。一方、
客車のスロ81系は1990年には12
系改造客車にその立場を追われ、
廃車となった　1982年8月15日

スロフ81 2113

復路の臨客を牧之郷駅付近で待っている
間に、水遊びをする子供を発見。カメラ
を向けると、こちらに気付いてポーズ。
近付いて行くと、ビクの中には川海老が
いた　1982年8月15日

牧之郷駅から大仁方面に行くと、畑の中で馬車が目に入った。この時代、こんな場所で珍しいと思い、声をかけて臨客を入れ込ん
で撮影した。話を聞くと、馬が大好きとのことだった　1982年8月15日

岳南鉄道 バラエティに富んだ機関車と元・東急車

岳南鉄道は、2012（平成24）年3月にこの鉄道の本来の目的である貨物輸送が消えたが、現在も旅客輸送を続けて頑張っている。1981（昭和56）年10月に訪ねた時は、ED10 103、ED28 281、ED29 291、ED32 321、ED40 402と403の2両、ED50 501の6形式7両のバラエティに富んだ機関車が顔を揃えていた。ただ、側面が、船のような円形窓が7つあるED281は、車体などには傷みはなかったが休車中だったと記憶している。

吉原駅から終点の岳南江尾駅まで全線でわずか9.2kmの営業キロなのに、これだけの機関車を保有しているのは、それだけ昔は貨物を本業にしていたのかがわかるし、機

関車好きなファンの方は、多くの人が訪れたと思う。また、電車は小田急の旧型車などがそれまでにはいたが、この頃には一掃されていた。その代わりに、橙色に白帯が入ったピカピカの東急5000系2連4編成に統一されていた。そのため、廃車となった電車は足回りを外され、車体のみがまとめて置かれていたのが印象に残っている。

撮影に関しては、今のように貨物列車のダイヤなどは知る由もないので、行き当たりばったりで撮り、終点の岳南江尾駅まで行っていた。また、途中の岳南富士岡駅にある車庫を訪れ、庫内で整備中のスナップも撮影できた。

岳南の吉原駅は、ホームの上屋の骨組みの構造物が独特で、広告看板が均等に並び個性的だった。しかし、現在は他の駅も含めて外され、大人しいイメージに変わってしまった　1981年10月18日

終点の岳南江尾駅は無人駅で、構内は近所の子供らの遊び場と化していた。折り返しの乗務員も気にせず、注意もしていない。多分これが、この路線の日常風景なのだろう　1981年10月18日

岳南江尾駅で休車中のモハ1100形の1103は、通称・日本車輛標準車と言われる1M車。のちに、他のモハ1100形と共に3両が近江鉄道に譲渡された　1981年10月18日

岳南江尾駅には他の車両も見られたが、淋しい場所にポツンと放置された機関車のイメージが撮れないかと考え、道路を挟んで離れてみた。しばし待っていると下校する少年が通り過ぎた　1981年10月18日

本吉原駅で目に止まった広告に、60年代から70年代のアサヒペンタックスのイラストが。通過する貨物と一緒に収めたかったが、上屋の柱の間隔が狭いので、窮屈な写真になってしまった　1981年10月18日

岳南富士岡の車庫では、機関車から台車を外す準備のため、機関車の車体の下に置く枕を積み重ねていた。国鉄や大手私鉄では、クレーンやジャッキの設備があるので、見ることができない作業風景だ　1981年10月18日

岳南富士岡駅のホーム側からの眺め。奥のED103は検車中。この機関車は大井川鉄道から来たが、その後は古巣の大井川に再び戻った。手前の501は、元々は上田温泉電軌で活躍していた　1981年10月18日

本吉原駅付近で見かけたバラック風の建物は、1軒が3坪ばかりの呑み屋さんの連棟。建具を見ると、何か物が豊かになる以前の時代を感じさせ、模型にしたいと思って撮影した　1981年10月18日

岳南原田駅の駅舎脇には古いタイプのポストと、有害図書を捨てる「白ポスト」が置いてあった。売店の上には、タバコと電話のホーロー看板。そして「TOBACCO」の文字デザインは、1950年代の懐かしさを感じさせる　1981年10月18日

比奈駅付近で、廃車されて間もない電車の車体が数台並んでいた。写真では見づらいが、車体の手前の地面には、車体をこの場所に留置するために、仮設の線路が設置されている　1981年10月18日

比奈駅でED291が入換を行っていたので、またこちら側に来ると思って待機していると、予期せぬED403が吉原方面から現れた。
その後、デッキに人が立ち、入換作業になった　1981年10月18日

ED291を撮ろうとして近寄ると、電車が到着して高校生が機関車の前を横切り、改札へと向かう。沿線の方々には日常の風景だが、
東京に住むボクにとっては、"おいしい情景"だ　比奈　1981年10月18日

日本で数少ない登山電車

　箱根登山鉄道も江ノ島電鉄も、正確なことはわからないが、観光客の乗車率は相当なモノだと思う。特に近年は外国からの観光客も加わり、週末などは大変なことになっていると聞く。そんな両電鉄も、当然ながら1列車の乗客輸送は少ないため、この箱根登山鉄道はイベントや行楽時は大変だと思う。

　個人的に箱根登山鉄道の撮影は、80年代の中頃が最後であり、その後は箱根湯本駅より先には足を踏み入れていない。撮影していた当時は、午前中は単車での運転もあったことや、2両編成が最大で、今のように3両編成はなかった。しかし、現在でも、モハ1形、モハ2形が数を減らしてはいるが、大きな改造もされずに使用されているのは大したモノだと感じている。

　箱根湯本駅から強羅駅までの8.9km、高低差654m、最大80‰、最小曲線半径30mの路線を上り下りするのは、社名の通り、日本では数少ない登山鉄道だと思う。ただ残念なのは、入生田〜小田原間の三線軌条がなくなり（現在は入生田〜箱根湯本）、以前のように箱根登山鉄道の電車が、この区間では見られなくなってしまったことだ。

上大平台信号場に進入する強羅行きのモハ1形。この信号場の構内からの撮影は、現在では禁止されている。スイッチバックを連続3回繰り返すが、ここが最高部のスイッチバックの場所となる　1987年7月5日

入生田には箱根登山鉄道の車庫がある。この当時は、撮影をお願いすれば了解を得られた。車庫内には、小田原電気鉄道時代に建設用として使用にされた1916年製のム1もいた　1987年7月5日

この小涌谷駅前の下手クソな写真は何だ？　と突っ込まれそうだが、その答えは富士・サクラの看板と、旗製のコダックのフィルムメーカー3社の広告と、奥に見える電車を入れて撮りたかったからだ　1986年11月3日

地方私鉄 その他編

地方私鉄の撮影を目的としたファンの方々は、この野上電鉄へは、1度ならず、何度か足を向けたのではないかと思う。それというのも、ここに在籍する車両たちは個性的な電車が多いからだ。また、沿線に関しても、終点寄りの車窓は「田舎風景」が点在し、駅舎などのも設備も「昔のまま」と、心が引かれる要素と撮影のお膳立てが揃っている。

このようにある程度の条件が揃っている鉄道は、この時代でも数える程しかなかったと思う。そんな魅力のある鉄道なのだが、ボクのような東京人には、そんな簡単には来られる場所ではない。初めて訪れたのは、母親を連れて関西に旅行に来た時だ。この旅行に引っかけて、1日だけは撮影のための別行動にした。大阪に泊まった早朝に、和歌山県下に入り、野上電鉄、有田鉄道、紀州鉄道の3ヶ所を駆け足で撮影した。

その1歩目がここ野上で、紀勢本線の海南駅に隣接する駅に進入する車窓の山側に目を向けていると、古そうな電車が見えてきた。下車後に、乗り換えができる連絡口ホームから見ると、目と鼻の先には日方駅があり、その間は車庫のヤードとなっていた。この時は時間がないため、様子伺いと決めて、悔しいがこのエリアだけの撮影に留めて撤収した。なお、この渋い中古車たちがゴロゴロしている野上電鉄は、1994（平成6）年3月31日に全廃となった。

連絡口駅に到着した電車は、乗務員が乗車券や料金徴収を行う光景が見られた　1986年1月3日

連絡口駅は業務上では駅扱いではない。しかしボクは、当初は連絡口を駅だと勝手に思い込んでいた　1986年1月3日

国鉄方面の通路から見ると連絡口駅の建物はこんな構造で、電車庫の中にでも入っていく感じがした　1986年1月3日

写真の右から2番目の
電車は、連絡口駅に停
車中で車両客扱いをし
ているが、他はお休み
中　1986年1月3日

右側に見えるホームが
日方駅で、休息中の電
車が縦列停車（？）して
いる　1986年1月3日

日方駅は地方鉄道らし
い大きさの建物と雰囲
気を持っていた。近代
的な要素はなかった
1986年1月3日

駅名板には正月のしめ飾りが付けられて
いた。また、右の電車には、野上名物の
Zパンタが見える　1986年1月3日

日方駅本屋の真向かいにある電鉄の建物脇には駅のトイレがあり、まさに「便所」の雰囲気が漂っていた　1986年1月3日

有田鉄道 「写欲」が湧かずに駅だけで撮影

有田鉄道は、紀勢本線藤並駅から終点の金屋口駅までの全線5.6kmの地方私鉄で、2002（平成14）年末をもって廃止された非電化路線だった。現在の藤並駅は、ボクが訪ねた時とは大きく変わったようで、当時は紀伊勝浦方面に向かう2番線ホームの反対側にある、3番線が有田鉄道のホームだった。

有田鉄道は和歌山方面に進んだのち、内陸側の東へと向きを変えて金屋口方面に進む路線であった。有田鉄道で事前に知り得た情報は、沿線のロケーションには、これといった撮影地はなく、紹介されている写真は、金屋口の車庫で「車両本位の形式的な写真」が大半であった。個人的には他の車両も撮りたい気持ちが多少はあった。しかし、車庫まで往復する余裕がないことや、車両が富士急行にいたディーゼルカーで、若い頃には新宿でよく目にしていた車両であり、「写欲」が湧かないのが本音だった。

現在、50代〜60代前後の人たちに、この国鉄のキハ28やキハ58と同様の車両を撮影したいかと聞けば、いい返答はないと思う。そんな程度の気持ちしかないため、この藤並駅だけで撮影をして、残りのわずかな時間は、駅の周辺を散策して興味のあるモノがあれば撮ることにした。その後は、3番目の目的地となる紀州鉄道に足を向けた。

藤並駅の上りホームに、有田鉄道の小さな駅舎があった。事務所は簡素な作りの建物だ　1986年1月3日

写真の後ろが和歌山方面で、この金屋口行きは、和歌山方面に進んだ後、内陸側へと線路は向かう　1986年1月3日

写真右の駅名表記でわかるように、列車は藤並駅ではなく、1つ先の紀勢本線湯浅駅まで乗り入れる　1986年1月3日

以前はどこの駅でも荷物扱いがあったため、手入れの届いた
荷物秤が置かれていた　1986年1月3日

愛称板の枠には、乗り間違い防止のためなのか、「有田鉄道」
の板が入っている　1986年1月3日

車内の左側が謹賀新年の挨拶、右側は運賃値上げの告知。共に手書きなのが地方私鉄の味だ　1986年1月3日

次なる撮影に向けて藤並駅から隣の湯浅駅に行くと、快速と「くろしお」に遭遇した 1986年1月3日

湯浅駅では予期せぬ"ゴハチ"が、好まぬヘッドライトを点けて現れた。流し撮りをしたが、編成写真にすれば良かったと後悔　1986年1月3日

藤並駅付近を少し探索すると美空ひばりさんと遭遇。テレビCMでひばりさんが「日本の夏、金鳥の夏」と語るキャッチコピーを思い出す　1986年1月3日

紀州鉄道 *全線を歩いてロケハンした短い路線*

地方の小さな私鉄が、現在も存続できることは珍しい。この紀州鉄道が存続できる理由は、鉄道ファンであれば知り得た話だと思うので、その経緯やバック・ボーンに関しては、ここでは省略させて頂く。

ボクが訪れた当時の紀州鉄道は、紀勢本線の御坊駅から日高川駅までの3.4kmという短い路線であった。その後、1989（平成元）年4月1日に、終点の日高川駅から1つ手前の西御坊駅の区間0.7kmが廃止された。そのため、現在は2.7kmの極小距離の鉄道会社となっている。

当時、運転本数も少なく距離も短いため、ロケハンを兼ねて全線を歩いた。しかし、沿線にはこれといった撮影ポイントはなく、市街地などが大半を占めていた。わずかな線路脇に空き地がある程度で、がっかりした思いがある。しかし、廃止された終点の日高川駅やその手前のシチュエーションには、何とか満足する情景撮影ができたので、疲れはしたが歩いて行った甲斐はあった。ここでは、西御坊駅から廃止となった区間と日高川駅構内を中心に見てもらいたい。なお、紀州鉄道は、当日に訪れた有田鉄道と同じく、1度だけの訪問で終わっているが、今も強い印象が残っている。

当時、終着だった日高川駅の踏切脇で、猫がひなたぼっこをしている光景が目に入った　1986年1月3日

日高川駅のホーム。ベンチはご覧の通りで、もしも座ったら、尻が汚れてベンチも壊れそうなほど老朽化している　1986年1月3日

当時の日高川駅の風景は、鉄道に知識がない人にとっては、廃墟に見えてもおかしくないレベルであった　1986年1月3日

キハ604は1961年生まれ。大分交通から1976年にこの地へ。廃車年月日は不明　1986年1月3日

構内には一部が土に埋もれている足回りも見られた。凄い状況だった　1986年1月3日

遠くに見えるのが西御坊駅に停車中の列車。沿線の大半はこのような場所を走り抜ける 1986年1月3日

この頃は、現在よりも運転本数が少ないので、地元の人たちは線路の上を道路感覚で歩いていた　1986年1月3日

西御坊駅の少し手前には小さな川があり、この脇にある家のホーロー看板に目が止まって1枚撮影した　1986年1月3日

内装の渋さに驚いた嵐電の電車

　和歌山県下の野上電鉄・有田鉄道・紀州鉄道の撮影の前日は大阪に宿泊したが、日中は京都を歩いていた。これは母親が京都の渡月橋のある嵐山方面に行きたいとのことで、親孝行のつもりで訪ねた。この嵐山から京都駅には、少々時間はかかるが、京福電鉄の嵐山線と地下鉄烏丸線を利用して向かうことにした。山陰線の嵯峨（現・嵯峨嵐山）駅から乗車すれば手っ取り早いが、個人的に電車に乗りたい欲望があるので、母親には何も言わずに決めてしまった。

　嵐電はいわゆるチンチン電車で、沿線は東京都電の荒川線のように、専用軌道が住宅街の中を抜けて、一部は併用軌道の区間

も走る路線であった。つまるところ、併用軌道の区間は撮影には面白いが、専用軌道内はどこで撮っても同じ感じだと車窓からの眺めで感じた。

　しかし、乗車したモボ101形の車内にはいささか驚いた。それは、車内の内装の渋さだ。80年代当時でも、地方私鉄の電車の内装には戦前の車両と同じように、内装の一部が木製で仕上げている車両がけっこう存在していた。しかし、乗車した嵐電の電車は、綺麗に手入れが行き届き、このような電車に乗るのは初めてで、それだけでも訪れた甲斐があった。

終点の嵐山駅から乗車して、起点の四条大宮駅まで嵐山本線に乗車中、母親がトイレに行きたいとのことで、帷子ノ辻駅で途中下車をした。写真はその時に乗車した1932年生まれのモボ111形のモボ112。車内照明の電球色の色合いが、窓越しに見える　1986年1月2日

車内のドアも木製で握り棒はクロームメッキではなく真鍮製。網棚と吊革のステーは一体型で、これもクロームメッキではない。天井の照明は蛍光色ではなく裸電球と同じ赤みがかった発色。このランプは、既製の長さや太さではないため、オリジナルの電燈管（？）ではないかと思うのだが、これはあくまでも推測である　1986年1月2日

側面の窓枠などの建具は金属製で、天井部は白く塗装されている。それ以外は床も含めてペンキを使わずに、オイルステンかニス仕上げ。また、吊革は昔風の長さで、茶色のベルトに広告も付いていない。車内の色調は整い、照明の色合いを含めて品を感じさせる　1986年1月2日

路 線 図

【国鉄・JR】…磐越東線／日光線／足尾線／八高線／御殿場線／身延線／飯田線
【地方私鉄】…南部縦貫鉄道／栗原電鉄／新潟交通／蒲原鉄道／長野電鉄・屋代線／上田交通／上毛電鉄／上信電鉄／日立電鉄／茨城交通／鹿島鉄道／筑波鉄道／伊豆箱根鉄道・大雄山線／伊豆箱根鉄道・駿豆線／岳南鉄道／野上電鉄／有田鉄道／紀州鉄道

凡例　国…国鉄　J…JR　私…私鉄　▮▮▮▮…電化路線　▬▬▬…非電化路線

※路線図は本書に掲載している訪問記の年を基準としています

国 **磐越東線** ………………………………………………………………… **1983年**

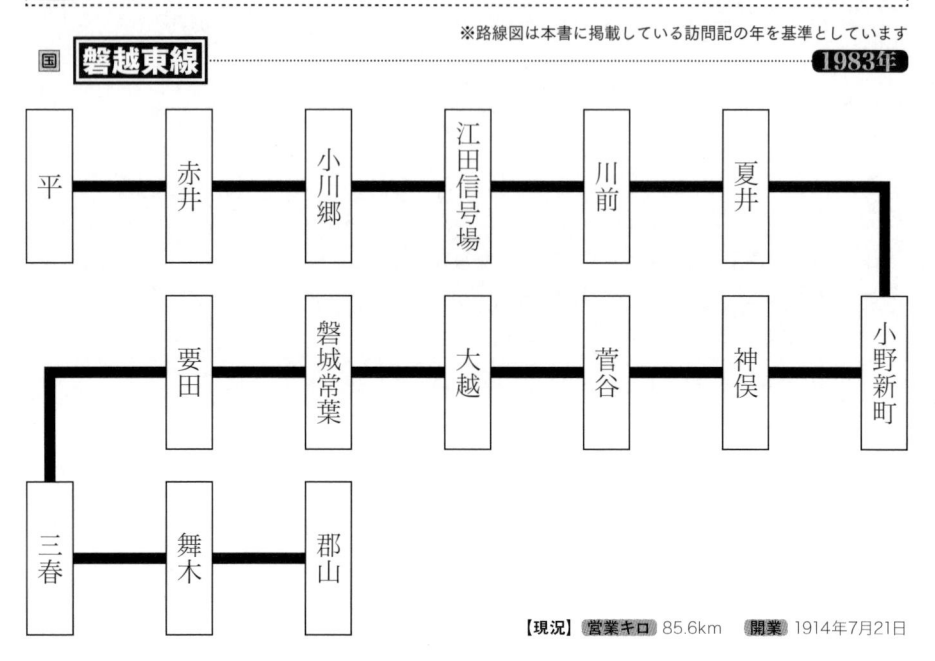

平　赤井　小川郷　江田信号場　川前　夏井　小野新町

要田　磐城常葉　大越　菅谷　神俣

三春　舞木　郡山

【現況】 営業キロ 85.6km　開業 1914年7月21日

国 **日光線** ………………………………………………………………… **1982年**

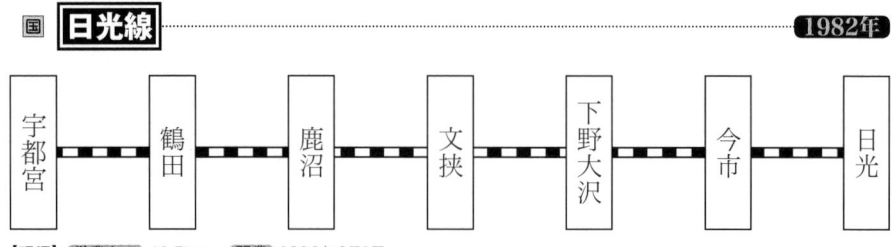

宇都宮　鶴田　鹿沼　文挟　下野大沢　今市　日光

【現況】 営業キロ 40.5km　開業 1890年6月1日

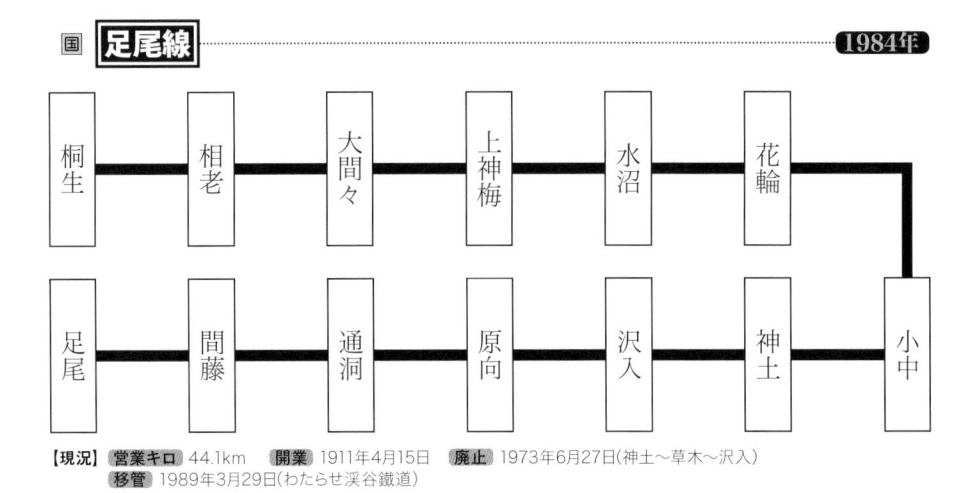

桐生 — 相老 — 大間々 — 上神梅 — 水沼 — 花輪 — 小中

足尾 — 間藤 — 通洞 — 原向 — 沢入 — 神土

【現況】 営業キロ 44.1km　開業 1911年4月15日　廃止 1973年6月27日(神土〜草木〜沢入)
移管 1989年3月29日(わたらせ渓谷鐡道)

J **八高線** **1992年**

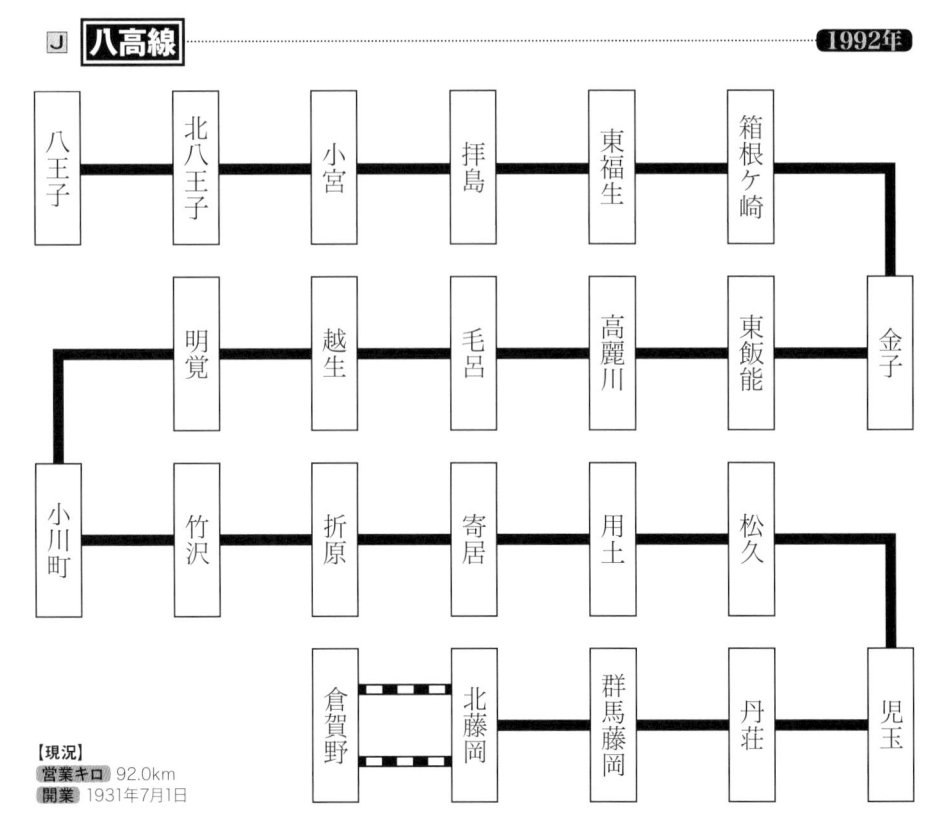

八王子 — 北八王子 — 小宮 — 拝島 — 東福生 — 箱根ケ崎 — 金子

明覚 — 越生 — 毛呂 — 高麗川 — 東飯能

小川町 — 竹沢 — 折原 — 寄居 — 用土 — 松久 — 児玉

倉賀野 — 北藤岡 — 群馬藤岡 — 丹荘

【現況】
営業キロ 92.0km
開業 1931年7月1日

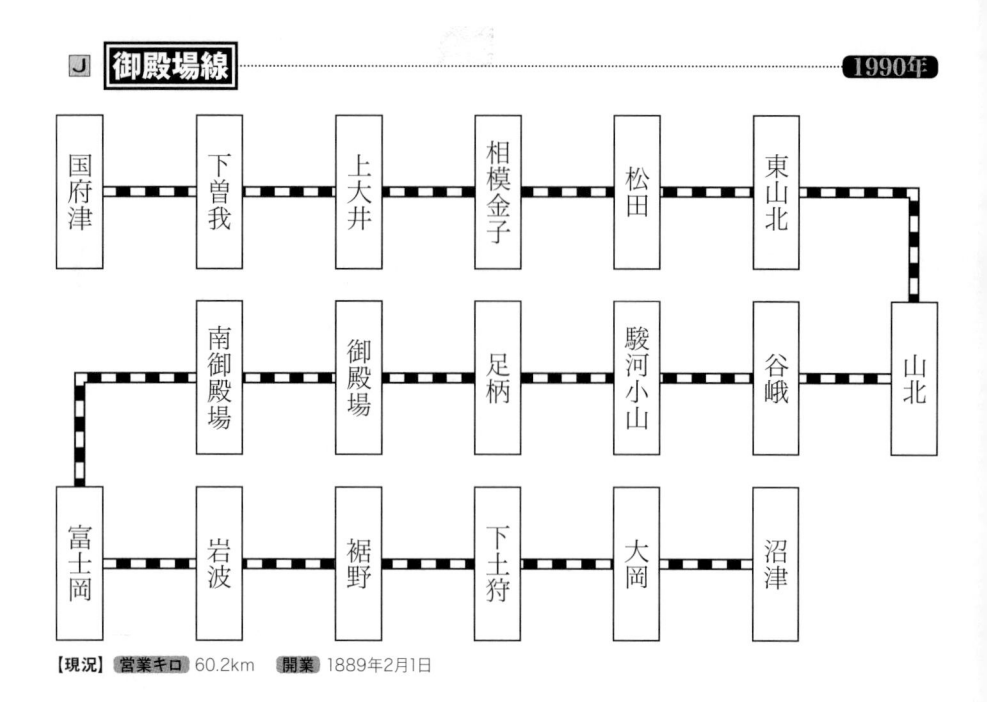

国府津 — 下曽我 — 上大井 — 相模金子 — 松田 — 東山北 — 山北 — 谷峨 — 駿河小山 — 足柄 — 御殿場 — 南御殿場 — 富士岡 — 岩波 — 裾野 — 下土狩 — 大岡 — 沼津

【現況】 営業キロ 60.2km 開業 1889年2月1日

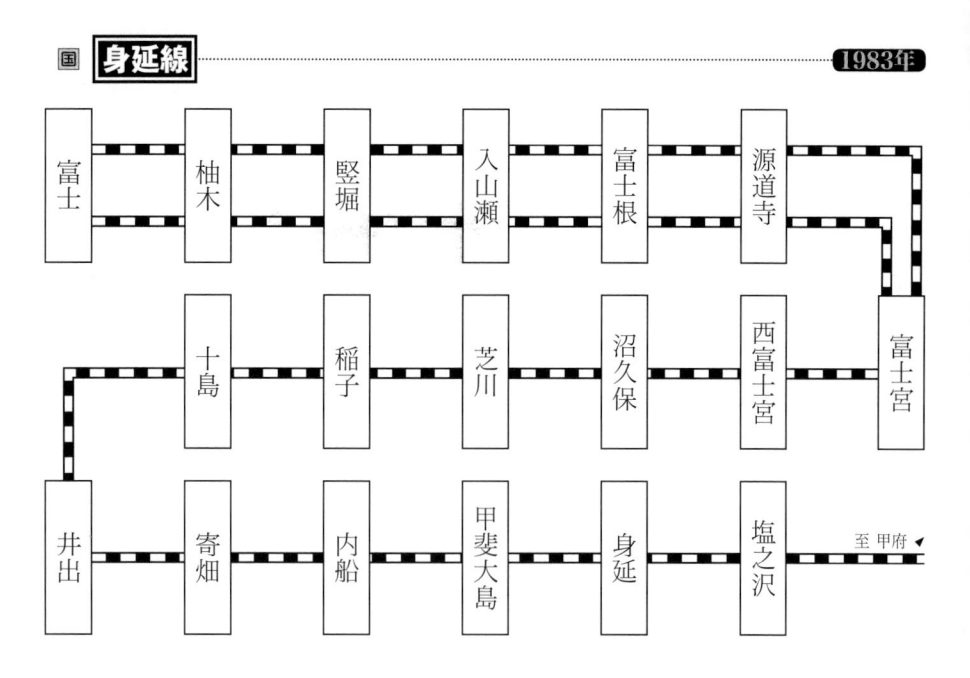

富士 — 柚木 — 竪堀 — 入山瀬 — 富士根 — 源道寺 — 富士宮 — 西富士宮 — 沼久保 — 芝川 — 稲子 — 十島 — 井出 — 寄畑 — 内船 — 甲斐大島 — 身延 — 塩之沢 — 至 甲府

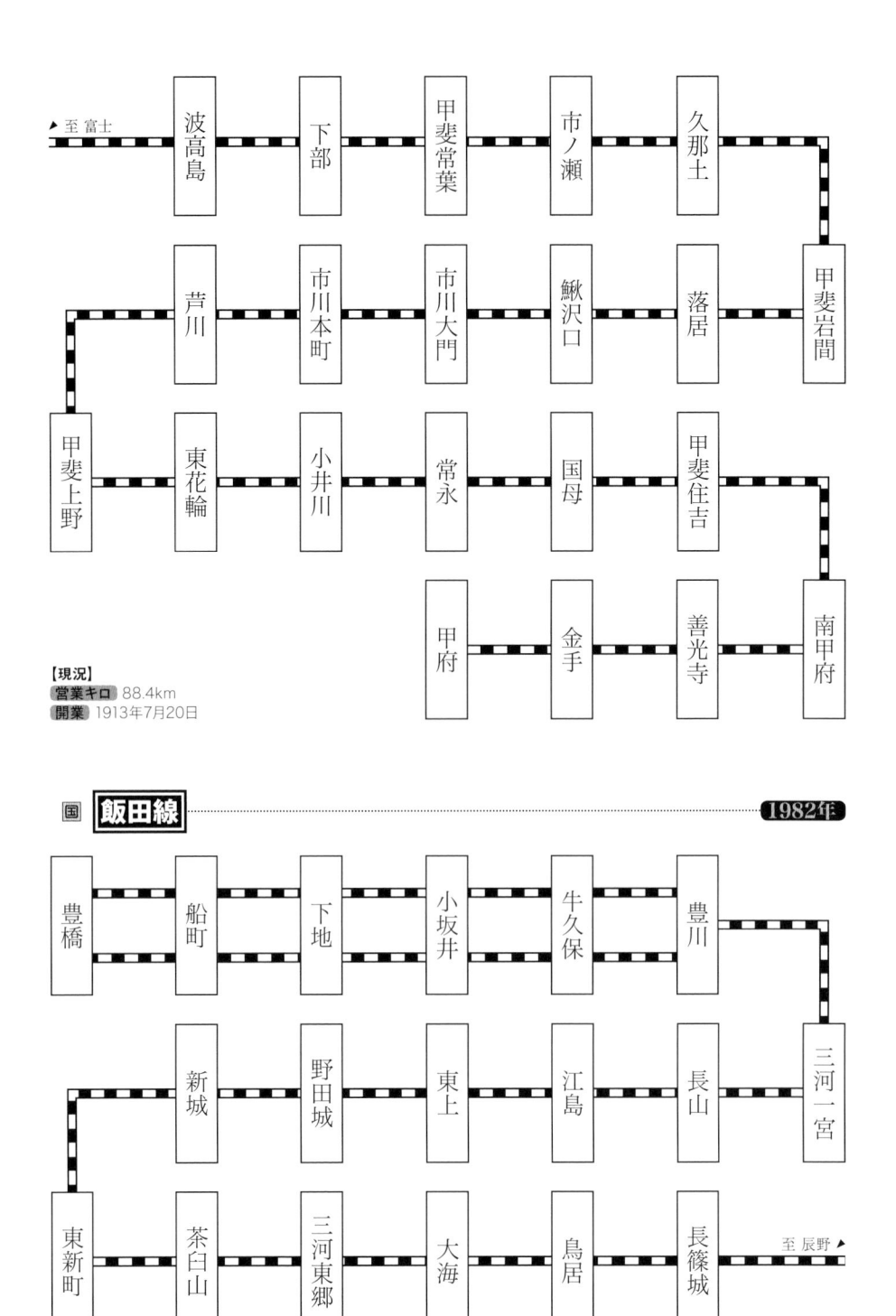

至 富士 ▶

波高島 — 下部 — 甲斐常葉 — 市ノ瀬 — 久那土 — 甲斐岩間

芦川 — 市川本町 — 市川大門 — 鰍沢口 — 落居 — 甲斐岩間

甲斐上野 — 東花輪 — 小井川 — 常永 — 国母 — 甲斐住吉

甲府 — 金手 — 善光寺 — 南甲府

【現況】
営業キロ 88.4km
開業 1913年7月20日

国 **飯田線** 1982年

豊橋 — 船町 — 下地 — 小坂井 — 牛久保 — 豊川

新城 — 野田城 — 東上 — 江島 — 長山 — 三河一宮

東新町 — 茶臼山 — 三河東郷 — 大海 — 鳥居 — 長篠城

至 辰野 ▶

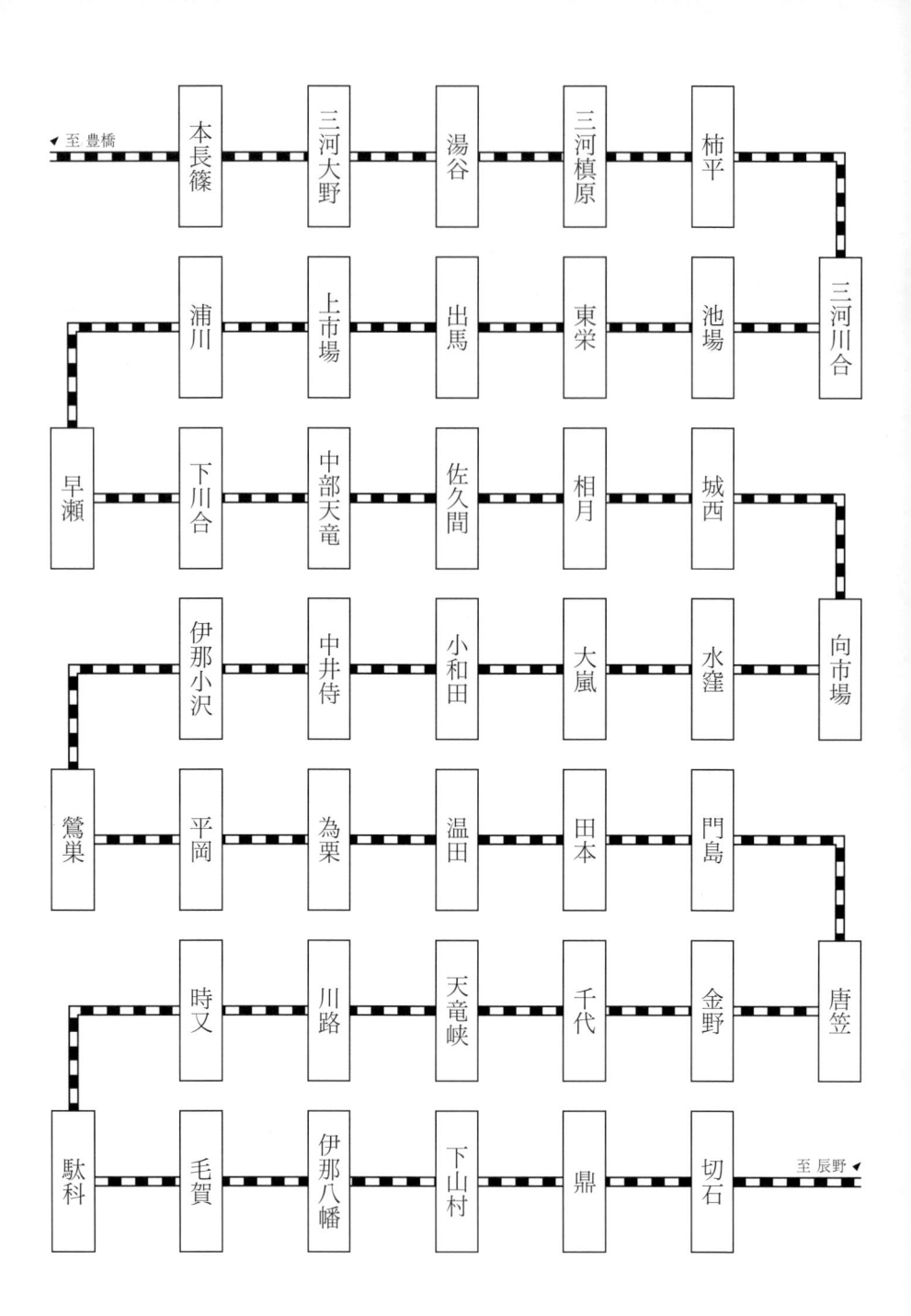

至 豊橋 ◀

本長篠 － 三河大野 － 湯谷 － 三河槇原 － 柿平 － 三河川合

浦川 － 上市場 － 出馬 － 東栄 － 池場

早瀬 － 下川合 － 中部天竜 － 佐久間 － 相月 － 城西

伊那小沢 － 中井侍 － 小和田 － 大嵐 － 水窪 － 向市場

鷲巣 － 平岡 － 為栗 － 温田 － 田本 － 門島

時又 － 川路 － 天竜峡 － 千代 － 金野 － 唐笠

駄科 － 毛賀 － 伊那八幡 － 下山村 － 鼎 － 切石 － 至 辰野 ◀

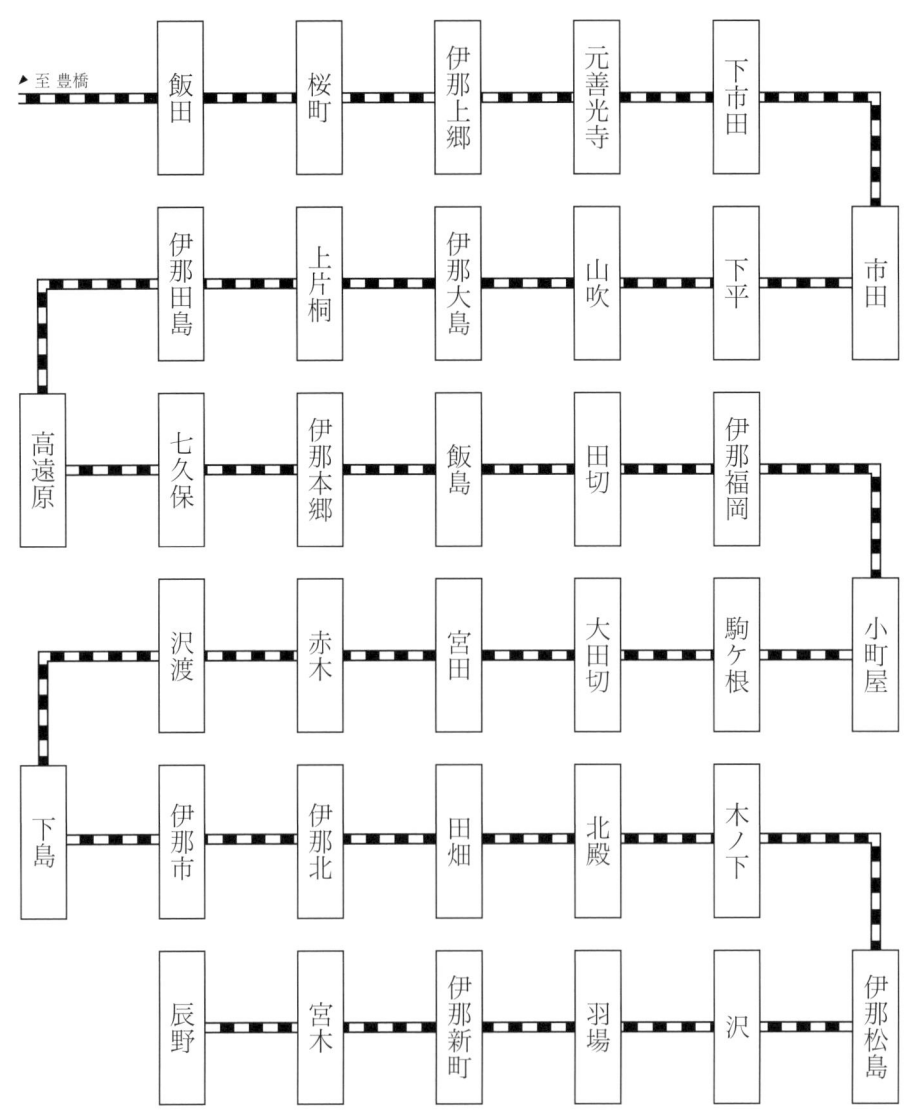

至 豊橋

飯田 ― 桜町 ― 伊那上郷 ― 元善光寺 ― 下市田 ― 市田 ― 下平 ― 山吹 ― 伊那大島 ― 上片桐 ― 伊那田島 ― 高遠原 ― 七久保 ― 伊那本郷 ― 飯島 ― 田切 ― 伊那福岡 ― 小町屋 ― 駒ケ根 ― 大田切 ― 宮田 ― 赤木 ― 沢渡 ― 下島 ― 伊那市 ― 伊那北 ― 田畑 ― 北殿 ― 木ノ下 ― 伊那松島 ― 沢 ― 羽場 ― 伊那新町 ― 宮木 ― 辰野

【現況】 営業キロ 195.7km　開業 1897年7月15日

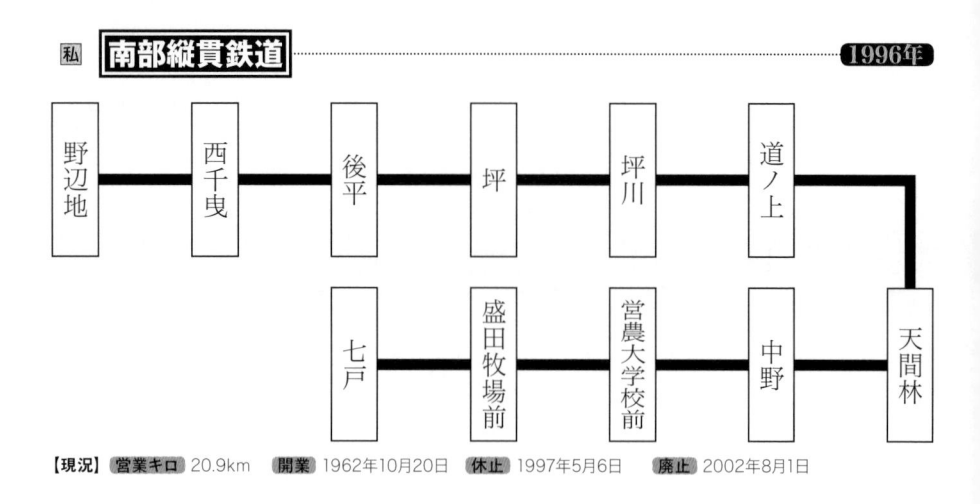

【現況】 営業キロ 20.9km　開業 1962年10月20日　休止 1997年5月6日　廃止 2002年8月1日

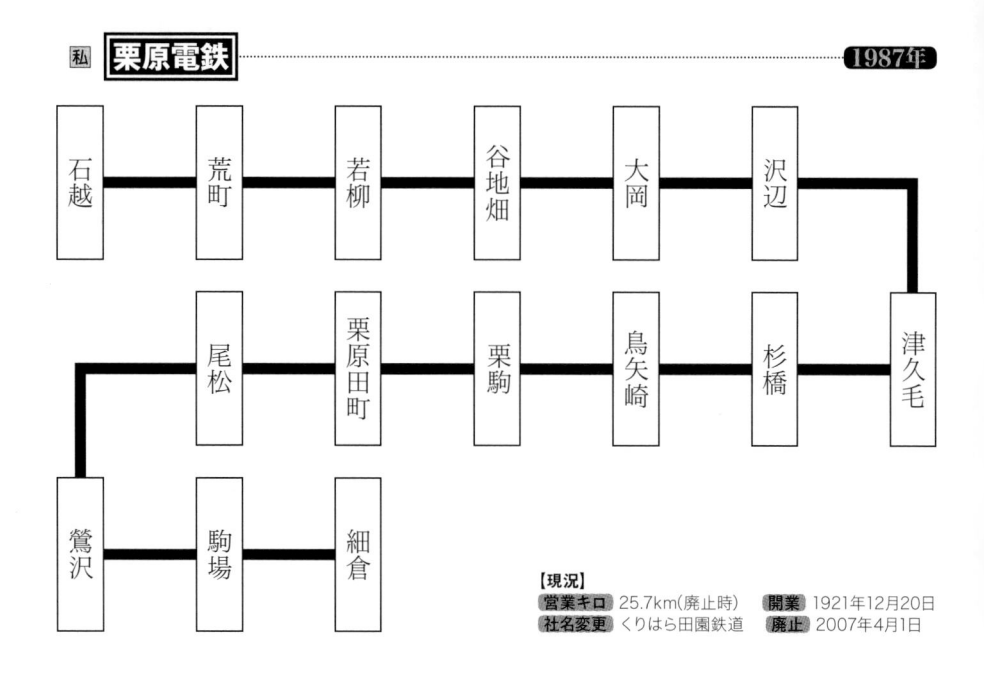

【現況】
営業キロ 25.7km(廃止時)　開業 1921年12月20日
社名変更 くりはら田園鉄道　廃止 2007年4月1日

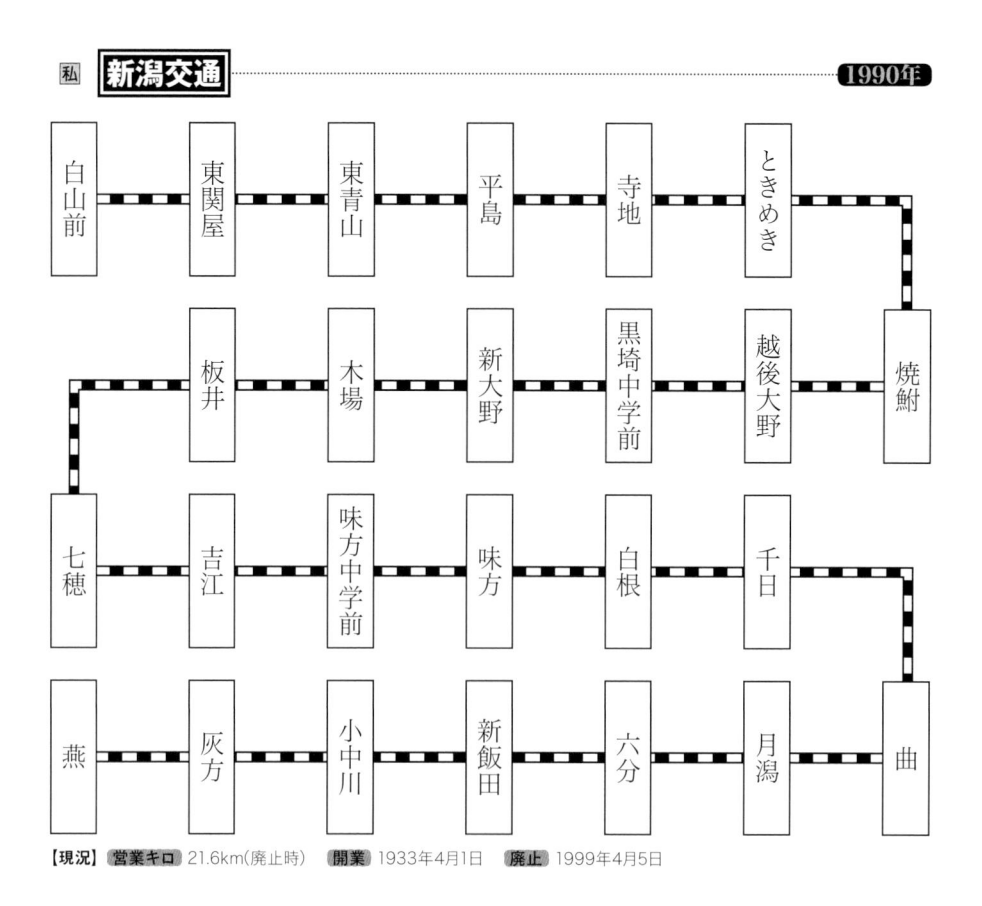

白山前 — 東関屋 — 東青山 — 平島 — 寺地 — ときめき

板井 — 木場 — 新大野 — 黒埼中学前 — 越後大野 — 焼鮒

七穂 — 吉江 — 味方中学前 — 味方 — 白根 — 千日

燕 — 灰方 — 小中川 — 新飯田 — 六分 — 月潟 — 曲

【現況】 **営業キロ** 21.6km(廃止時) **開業** 1933年4月1日 **廃止** 1999年4月5日

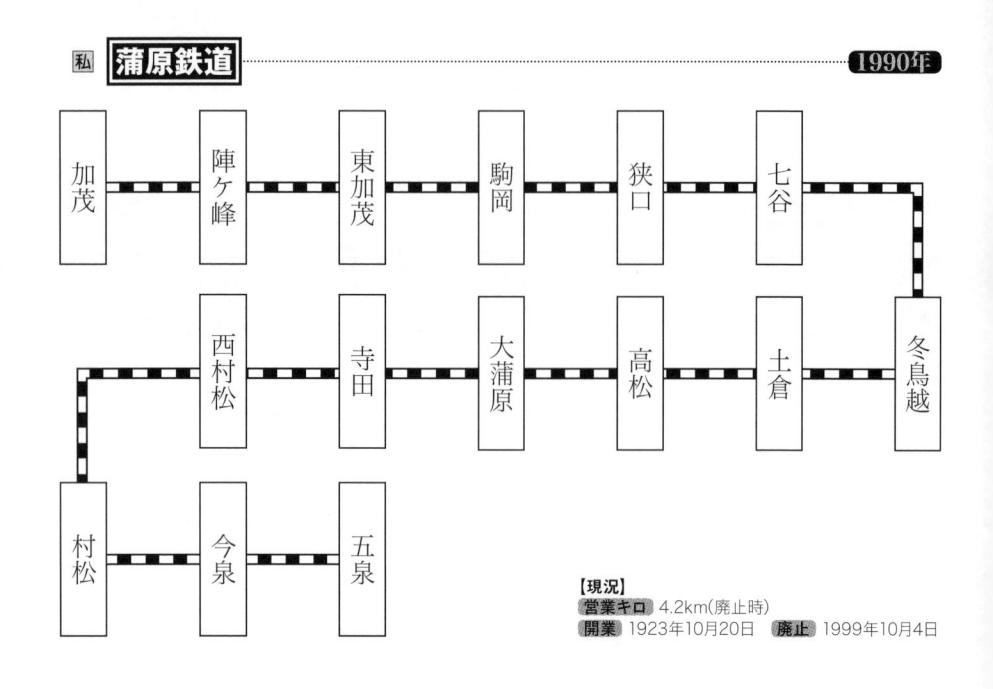

加茂 — 陣ヶ峰 — 東加茂 — 駒岡 — 狭口 — 七谷 — 冬鳥越

西村松 — 寺田 — 大蒲原 — 高松 — 土倉

村松 — 今泉 — 五泉

【現況】
営業キロ 4.2km(廃止時)
開業 1923年10月20日　廃止 1999年10月4日

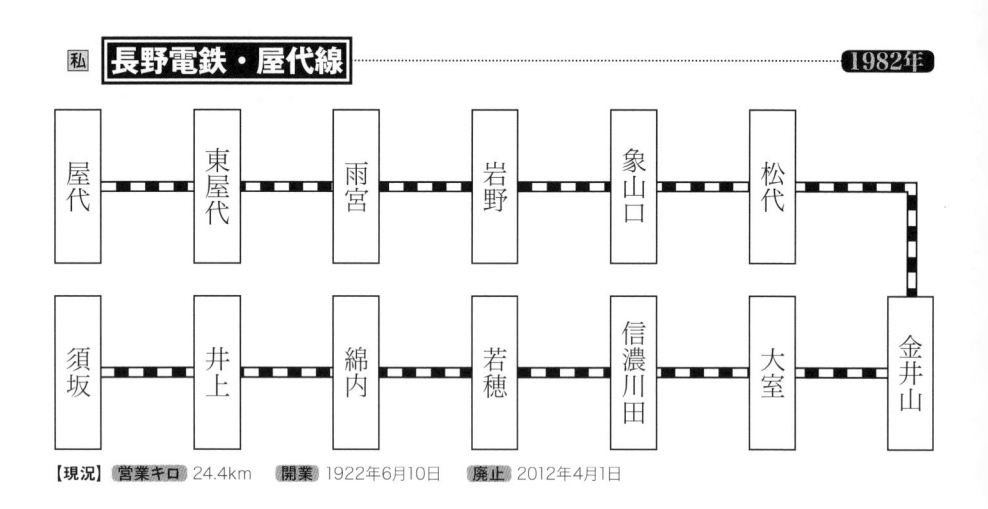

屋代 — 東屋代 — 雨宮 — 岩野 — 象山口 — 松代 — 金井山

須坂 — 井上 — 綿内 — 若穂 — 信濃川田 — 大室

【現況】　営業キロ 24.4km　開業 1922年6月10日　廃止 2012年4月1日

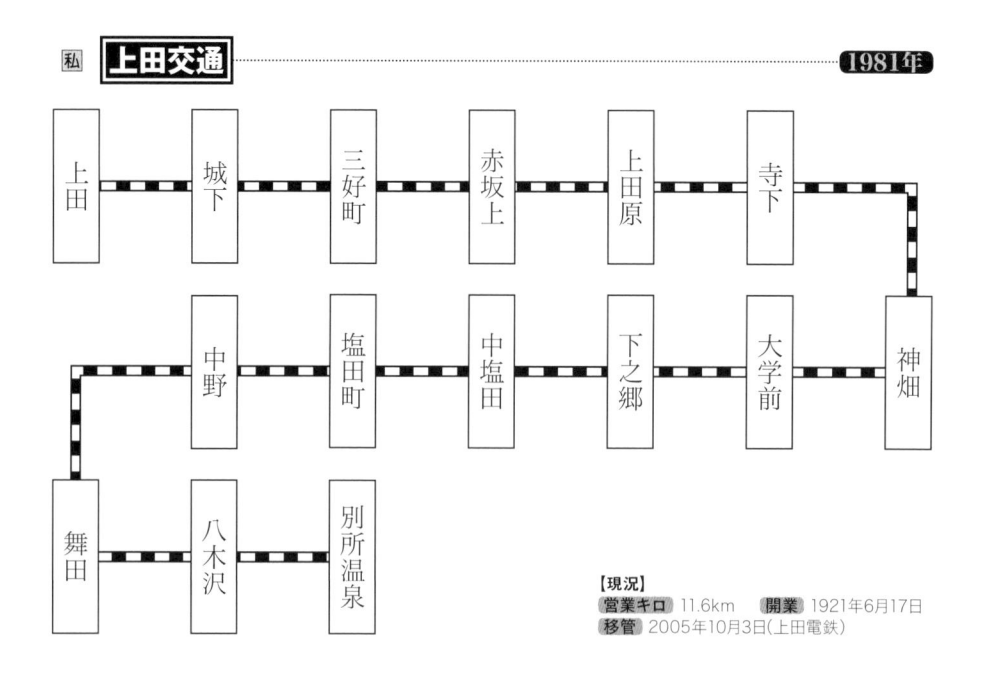

上田 ― 城下 ― 三好町 ― 赤坂上 ― 上田原 ― 寺下 ― 神畑

中野 ― 塩田町 ― 中塩田 ― 下之郷 ― 大学前 ― 神畑

舞田 ― 八木沢 ― 別所温泉

【現況】
営業キロ 11.6km　開業 1921年6月17日
移管 2005年10月3日(上田電鉄)

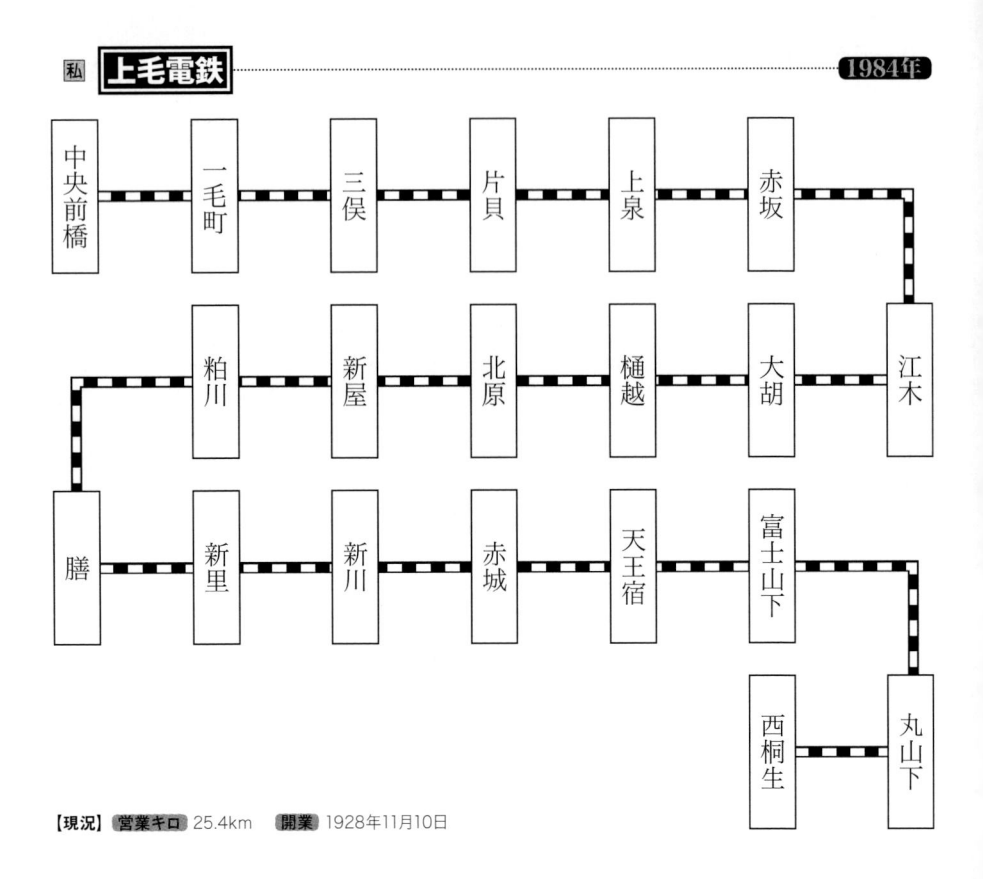

私 **上毛電鉄** **1984年**

中央前橋 — 一毛町 — 三俣 — 片貝 — 上泉 — 赤坂 — 江木 — 大胡 — 樋越 — 北原 — 新屋 — 粕川 — 膳 — 新里 — 新川 — 赤城 — 天王宿 — 富士山下 — 丸山下 — 西桐生

【現況】 営業キロ 25.4km　開業 1928年11月10日

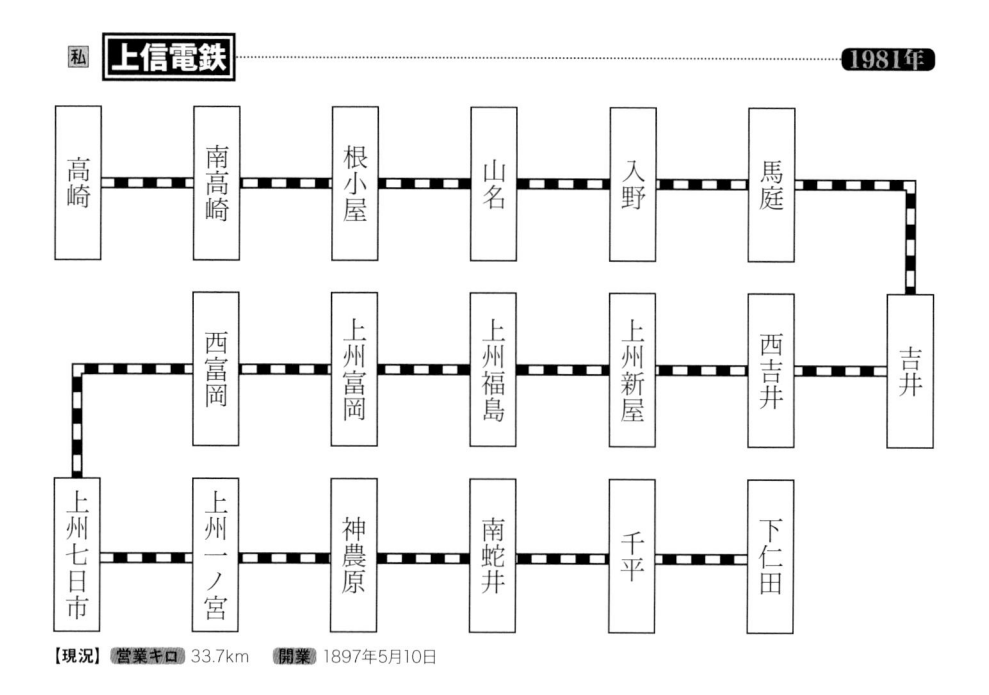

上信電鉄 ·· **1981年**

高崎 — 南高崎 — 根小屋 — 山名 — 入野 — 馬庭 — 吉井 — 西吉井 — 上州新屋 — 上州福島 — 上州富岡 — 西富岡 — 上州七日市 — 上州一ノ宮 — 神農原 — 南蛇井 — 千平 — 下仁田

【現況】 営業キロ 33.7km　開業 1897年5月10日

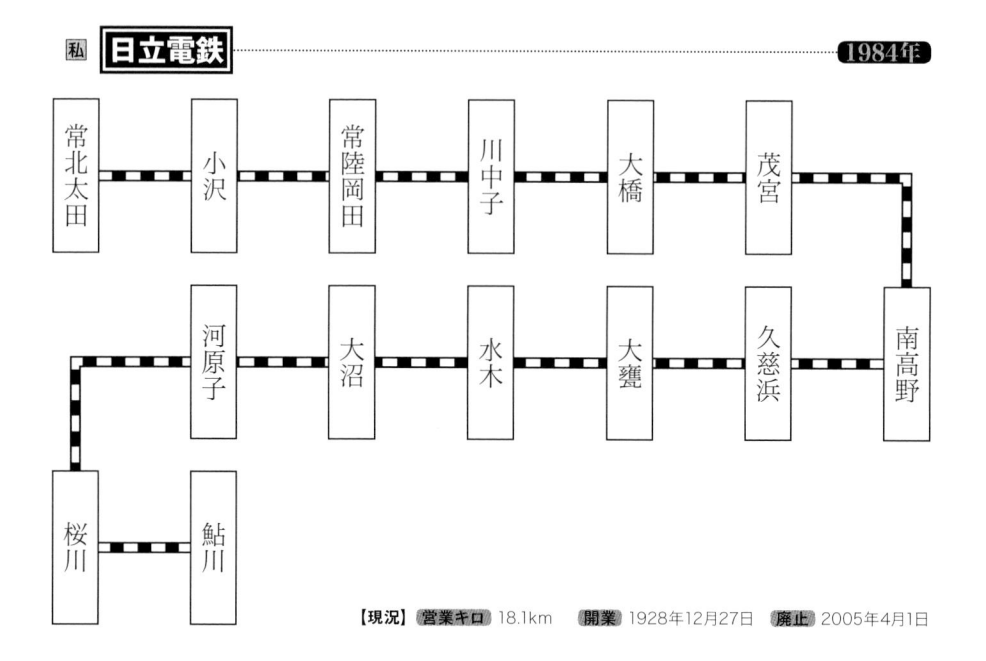

日立電鉄 ·· **1984年**

常北太田 — 小沢 — 常陸岡田 — 川中子 — 大橋 — 茂宮 — 南高野 — 久慈浜 — 大甕 — 水木 — 大沼 — 河原子 — 桜川 — 鮎川

【現況】 営業キロ 18.1km　開業 1928年12月27日　廃止 2005年4月1日

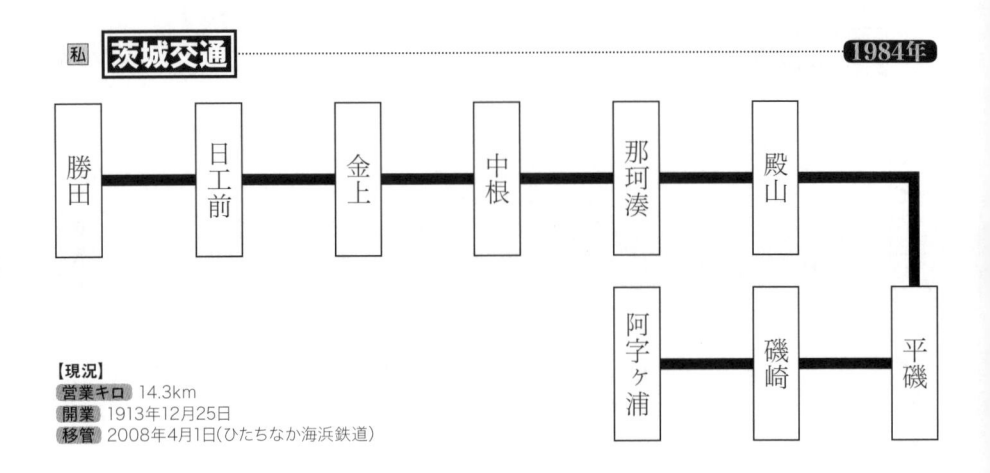

【現況】
営業キロ 14.3km
開業 1913年12月25日
移管 2008年4月1日(ひたちなか海浜鉄道)

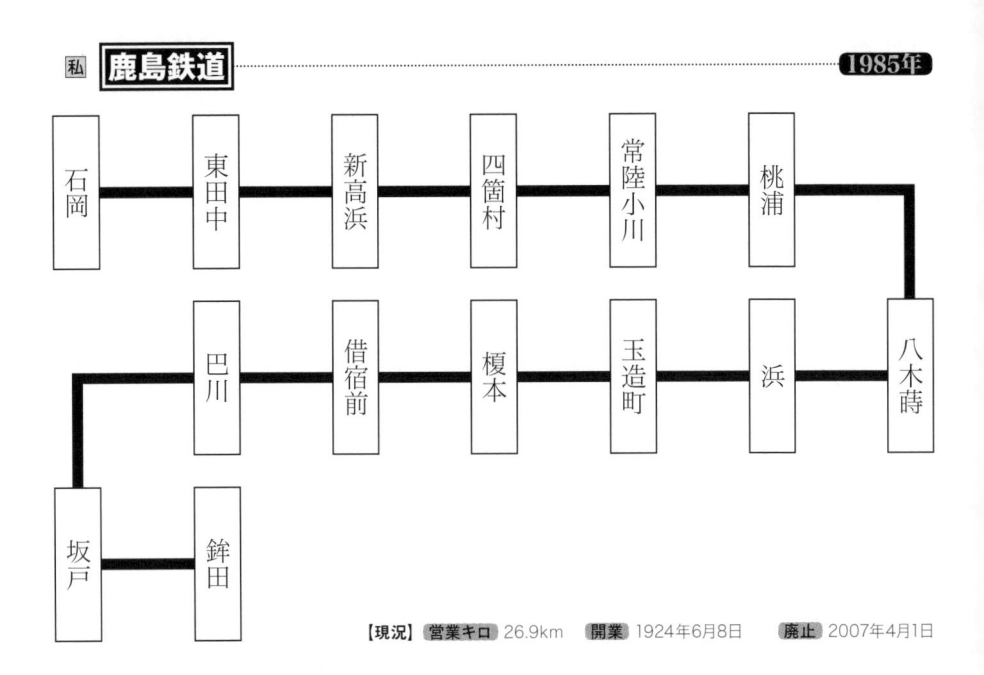

【現況】 営業キロ 26.9km　開業 1924年6月8日　廃止 2007年4月1日

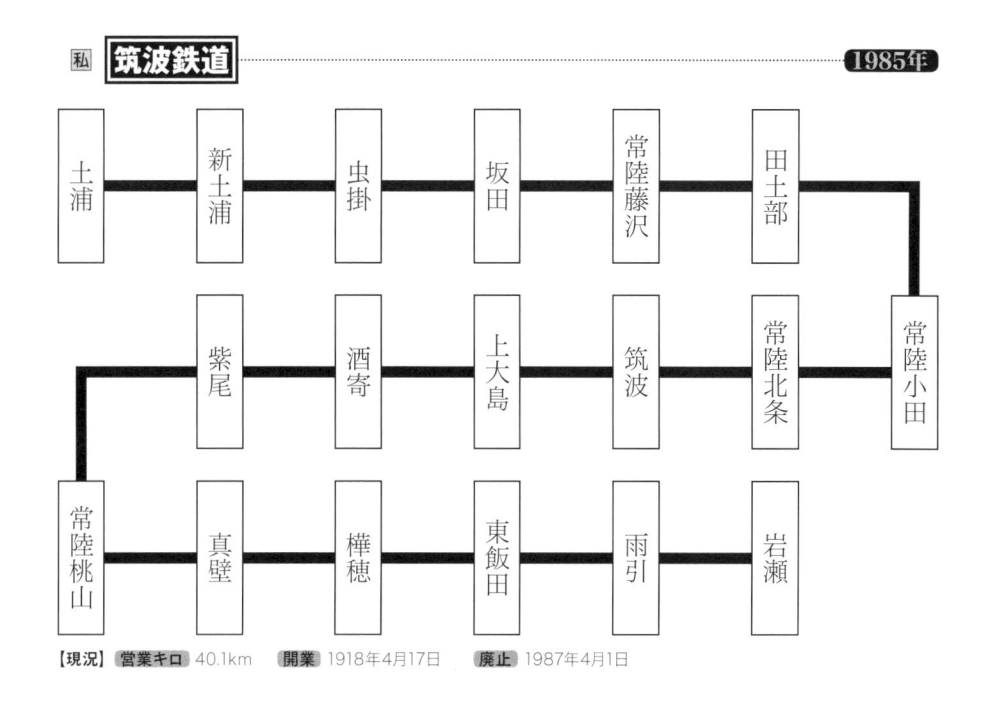

私 筑波鉄道　　　　　　　　　　　　　　　　　1985年

土浦 ― 新土浦 ― 虫掛 ― 坂田 ― 常陸藤沢 ― 田土部 ― 常陸小田 ― 常陸北条 ― 筑波 ― 上大島 ― 酒寄 ― 紫尾 ― 常陸桃山 ― 真壁 ― 樺穂 ― 東飯田 ― 雨引 ― 岩瀬

【現況】 営業キロ 40.1km　開業 1918年4月17日　廃止 1987年4月1日

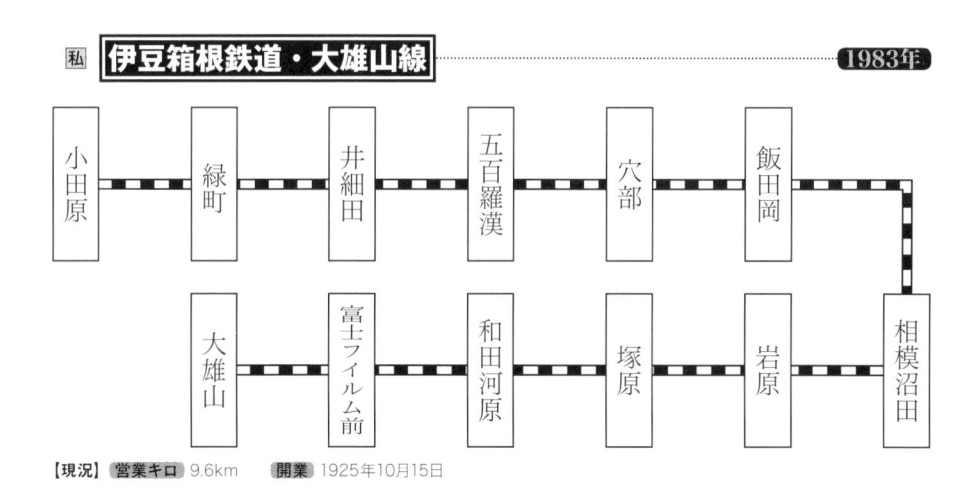

私 伊豆箱根鉄道・大雄山線　　　　　　　　　　　1983年

小田原 ― 緑町 ― 井細田 ― 五百羅漢 ― 穴部 ― 飯田岡 ― 相模沼田 ― 岩原 ― 塚原 ― 和田河原 ― 富士フイルム前 ― 大雄山

【現況】 営業キロ 9.6km　開業 1925年10月15日

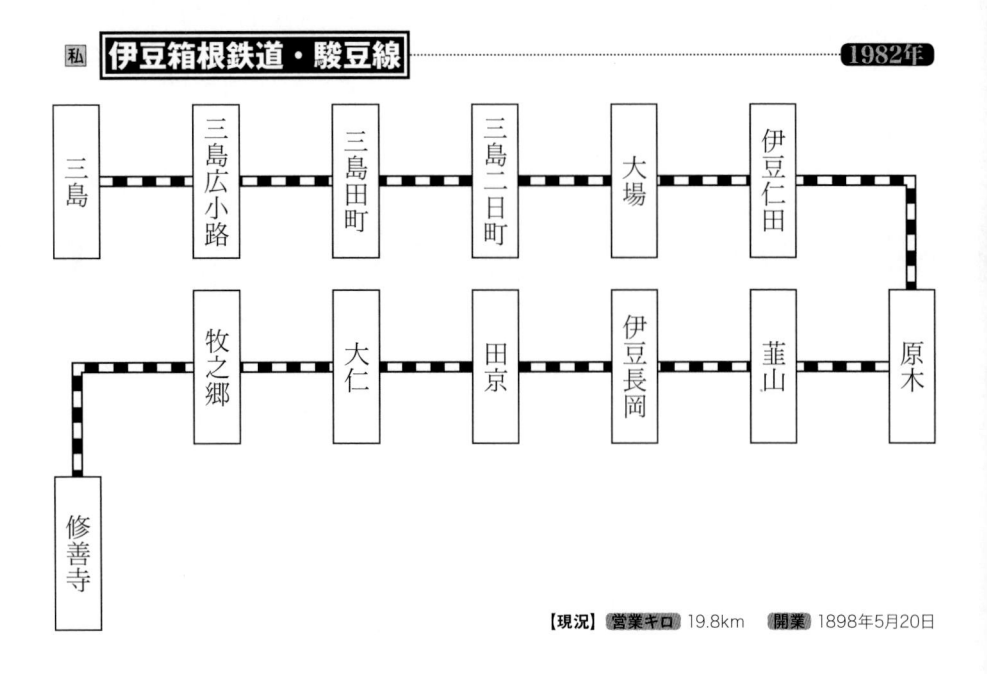

三島　三島広小路　三島田町　三島二日町　大場　伊豆仁田　原木

牧之郷　大仁　田京　伊豆長岡　韮山　原木

修善寺

【現況】 営業キロ 19.8km 開業 1898年5月20日

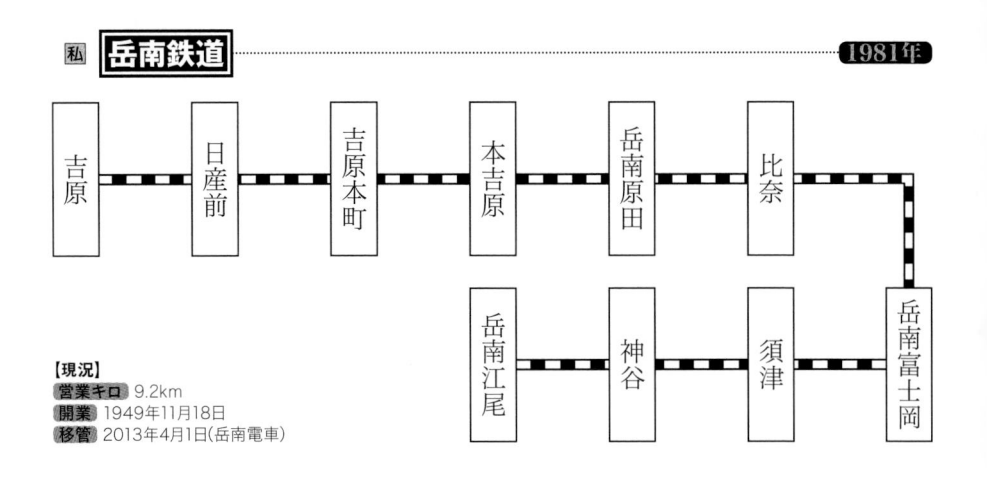

吉原　日産前　吉原本町　本吉原　岳南原田　比奈　岳南富士岡

岳南江尾　神谷　須津　岳南富士岡

【現況】
営業キロ 9.2km
開業 1949年11月18日
移管 2013年4月1日(岳南電車)

170

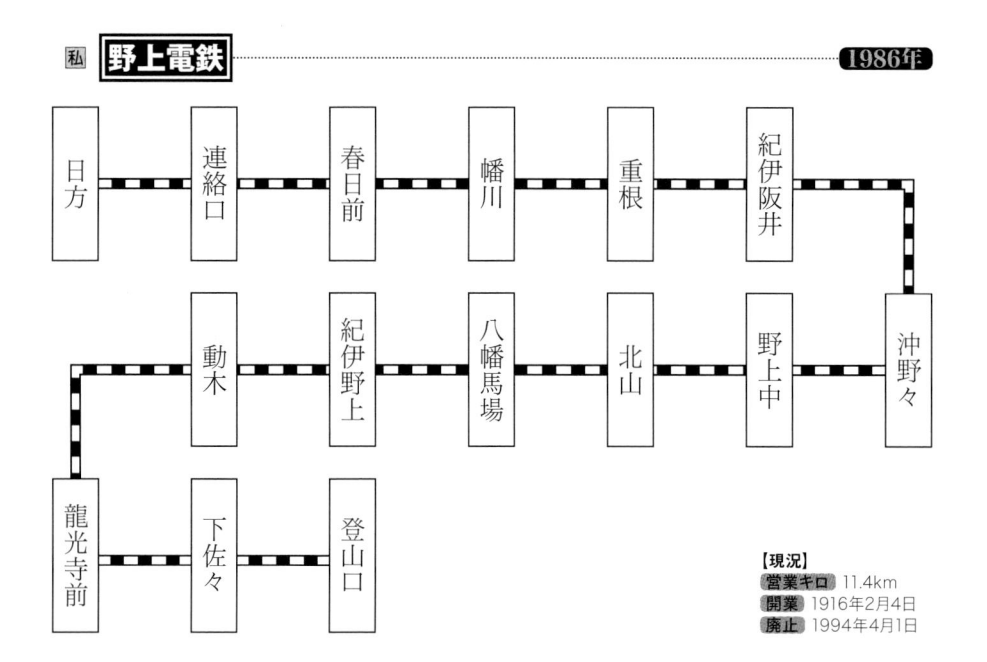

私 野上電鉄　　　　　　　　　　　　　　　　1986年

日方 — 連絡口 — 春日前 — 幡川 — 重根 — 紀伊阪井 — 沖野々 — 野上中 — 北山 — 八幡馬場 — 紀伊野上 — 動木 — 龍光寺前 — 下佐々 — 登山口

【現況】
営業キロ 11.4km
開業 1916年2月4日
廃止 1994年4月1日

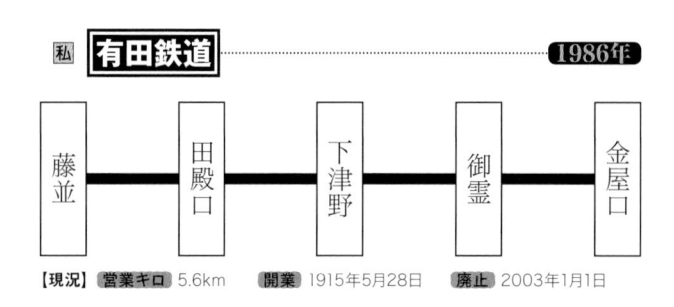

私 有田鉄道　　　　　　　　　　　　　　1986年

藤並 — 田殿口 — 下津野 — 御霊 — 金屋口

【現況】 営業キロ 5.6km　　開業 1915年5月28日　　廃止 2003年1月1日

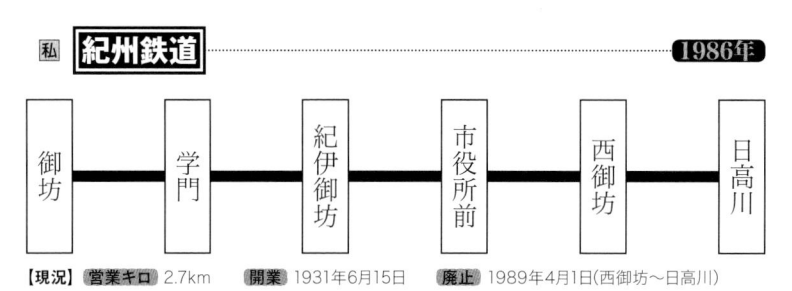

私 紀州鉄道　　　　　　　　　　　　　　1986年

御坊 — 学門 — 紀伊御坊 — 市役所前 — 西御坊 — 日高川

【現況】 営業キロ 2.7km　　開業 1931年6月15日　　廃止 1989年4月1日(西御坊〜日高川)

今はなき、あの頃の情景 ── その1

1980年代の風俗・不動産・鉄道

1980年代に撮影したネガ・ポジフィルムの中から写真を探していると、私的でつまらぬ小さな話題や、一般的に誰もが知っている出来事が写り込んでいる。そこで、ここでは「箸休め」として、鉄道に限らず当時の時代背景を振り返りながら、風情のある写真を紹介する。

自宅から新宿歌舞伎町までは徒歩で20分。途中の新宿駅東南口にも、ストリップ劇場があったし、この手のHモノは小学生頃から見慣れた存在だった。さて、1984年の風営法改正で、その対象外にしてもらうため、ポルノ映画業界が自主規制をし、バストの先端に黒星を塗ったりして、見えないように写真を加工した。また、その後の改正によって、「風俗営業者は、その営業所周辺において、清浄な風紀環境を害するおそれのある方法で、広告を宣伝してはならない」と改正をして、公の場からは消えた。このポスターの設置場所や女性たちの乳首が露出しているのは、それ以前に撮影したものだ。そのため、女性や子供には街中で目に触れるため、このような時代は困ったに違いない。余談だが、これらの映画館での上映中は、館内に禁煙の赤い表示が灯っても、前のイスの背もたれに足を乗せてタバコを吸う人の煙が、あちこちで立ちのぼっていた光景を思い出す。しかし、この写真の看板は4本立てはスゴイ！　さらに余談の余談だが、画面の右には、深夜のテレビCMでも有名だった、おさわりキャバレー「ロンドン」が見える。振り返るとこの時代は、田舎では線路脇を歩く人、旧型客車のドアが走行中でも開いたままなど、鉄道にしても風俗にしても、まだまだアバウトであった　長野県上田市　1981年11月

ボクの自宅から30分ほど離れているが、散歩がてらに南青山の洋書屋へと足を向けた。帰り道は、同じ道では帰りたくないと思い、遠回りをしながら歩いていると、「この土地家屋は絶対に売りません」と書かれた看板が目に入る。株価や不動産が数倍に上昇したバブル景気は、1985年から1991年に起きた。個人的にこのバブルの恩恵は、当時、勤めていた会社で、現在では決してできないような体験を堪能させてもらった　東京都港区南青山6丁目　1984年2月

国が営業していた鉄道が、民間の鉄道になるなんてホントか？　と論議をしているうちに、これが本決まりとなって1987年3月31日に国鉄は消えた。その後の同年5月中旬には、公募によって選ばれた名称はE電となり、国電から矢印で、E電と表示された看板を付けていたが、これは承知の通り、定着せずに終わってしまった　田町　1987年5月31日

1990年代から2000年代初頭の 公衆電話・事件・鉄道

1990年代前半のフィルムのコマを順番に見て行くと、当時の時代背景が、ほんのわずかな断片に過ぎないが写真に写り込んでいる。ここでは「箸休め」のその2として、1990年代から2000年代初頭の情景写真を紹介する。

鶯谷駅前　1992年11月20日

千葉市栄町　2001年9月6日

公衆電話の設置台数がピークに達したのは、1984年の約93万5000台だった。その後は減少して、2014年には約18万4000台となり、ピーク時の約5分の1になっている。80年代中頃になると、1985年にポータブル電話機のショルダー・ホーンが販売された。その後、1989年には、大きいながらも現在の携帯電話のような形状が売り出されている。1992年当時の携帯電話普及率は1.1%と低く、まだまだ公衆電話の時代であった。しかし、この頃になると、公衆電話は、テレホンカードが使用できる機種が占めていた。通称・テレカと呼ばれたカードで、販売数がもっとも多かったのは、1992年から1997年頃だった。その後は販売数も下降線を辿り、携帯電話の普及率が上がることとなった。この写真をよく見て頂くと、電話機の本体には、通称「ピンク・チラシ」が1つの電話に対して数枚貼られている。また、電話ボックスの方には、さらに多くのチラシが貼られていた。他にも小冊子になった物や、小袋にまとめて入っている物は、電話ボックスに置かれていた。この「ピンク・チラシ」は、1980年代後半から2000年代初頭に見られたが、条例の規制を受けて見られなくなった。このような写真も、その一時代を語る一つの要素だと思っている。タダで集められるアイテムだったので、ついつい収集癖が出てしまい、気が向くと持ち帰っていた。しかし、それをまとめた箱が、倉庫のどこにあるかは、今ではわからず仕舞いだ

1995年3月20日にオウム真理教が地下鉄サリン事件を起こした。話をかいつまむと、その後、青酸ガス発生装置を教団は3回に渡って仕掛けた。最初の2回は作動せず、3回目は、丸ノ内線の新宿駅改札口付近の地下通路にあるトイレ内に、5月5日に仕掛けた。しかし、発生する前に発見されて未遂となった。ボクはこの頃、サラリーマンをしていた時代で、新宿御苑前駅を利用していた。そのため、この改札口を毎日利用していたので、これは自分史の記録の一つと思い、カメラを持っていた時に撮影をした　丸ノ内線新宿駅改札　1995年8月

EF58が牽引するお召列車が12年ぶりに両毛線を走ることになったので、友達の車で出掛けた。しかし、編成写真はみんなが撮るので、同じ写真は撮りたくない。できれば、沿線に集まった人たちを入れ込み、その場所の光景を、上手く取り込めたらいいな〜、との思いでシャッターを押した　富田〜足利　1996年10月24日

首都圏

大手私鉄で注目した車両たち

本書は1980年代から1990年代にかけて、主に東京から日帰撮影したローカル線を中心に、当時の鉄道情景を見て頂こうと企画した書籍です。しかし、ボクが暮らす東京や、その周辺が少ないというのも、当時の車両や風情を見せるにあたって物足りなさを感じ、あの頃の首都圏の大手私鉄は、こんな車両たちが現役だったことを、多少ながら掲載した方がわかりやすく、回想しやすいと思いました。

そこで本書のタイトルとは無関係になりますが、ここではボクが興味を抱いた私鉄、機関車や特急電車、旧型車両など、首都圏の大手私鉄の一部を掲載します。

東横線自由が丘駅の下りホームを渋谷側先端から撮影。初代6000系が「急行」のプレートを付けて、渋谷に向かって去っていく　1980年11月

東急電鉄

　東急電鉄の中で魅力的に思えた車両は、全塗装の旧型電車たちや5000系などで、次第に追いやられて行く古参たちだった。これらは本線となる東横線や田園都市線などからは撤退し、路線区間の短い目蒲・池上・大井町線などの路線に使用されていた。そのため、山手線の目黒駅や五反田駅で目にすることができたので、個人的には親近感を持っていた。特に3450形の古風な出で立ちは、更新はしているが魅力的であった。

1997年に地下駅になる前の大岡山駅には、木の植え込みがあったことを思い出してほしいと思い、この写真を選んだ。電車は蒲田行きの3450形　1980年11月

大岡山駅のホーム上屋と5000系の風景は、やはり昭和のイメージ。写真左には、タバコの吸い殻入れが置かれている　1980年11月

世田谷線若林駅の脇に見えるのは、「森永チョコレート」の看板が設置されているお菓子屋さん。銅板製の看板建築は、現在では注目される存在となっており、ボクも撮影対象の1つとしている　1981年12月

若林駅近くで見かけた柴犬がかった雑種。昭和30年代までは、大半が和犬だったが、現在は洋犬が多くを占める。また、現在は外で飼われている犬も少なくなったと思う　1981年12月

小田急電鉄

　1980年代初頭の特急車両は、SE車改造のSSE3000形、NSE3100形、そして1980（昭和55）年暮れにデビューした、LSE7000形の3形式であった。この中でSSE車は5両編成と短いため、代車として使用する時や多客時には、2編成を1列車に仕立て、通称・重連運転を行っていた。また、機関車は4形式4両が在籍し、1984（昭和59）年1月29日まで、小田原〜相武台前間で貨物列車を運転していた。その後は事業列車や社線内の甲種回送となり、廃車後は保存車や保管車もあったが、現在は全て解体されている。

新松田駅で、下りNSEを撮影して通過を見送ると、今度は小田原方面から上りのNSEが現れ、運良くすれ違いシーンが撮れた。この3100形は7編成が作られ、1963年から2000年まで使用された　1990年5月中旬

御殿場～足柄間で、SSEの重連「あさぎり」を狙うが、あいにく富士山が雲で隠れてしまった。そこで田植えの情景写真に切り替える。しかし、田植え作業は常に移動するため、こちらも常に動きながらの撮影となった　1990年5月9日

SSE車を2編成連結した通称・重連運転時の車窓。写真が少々シャープさに欠けると思うが、この場所は相模大野の車庫を通過するシーン。左側にはEB1051が見える　1985年9月7日

相武台前駅構内でパンタグラフを下ろすため、手前の座間駅との間で、ED1041とED1012の重連単機を撮影した　1984年3月

開業当時のモハ1の復元工事が完了し、新百合ヶ丘駅のホームでお披露目が行われた。写真はお披露目終了後にED1012に牽引されて、新宿方面に引き上げるところ　1983年3月

東武鉄道

　都心部で貨物列車を最後まで運転していたのは東武が最後で、東京スカイツリーが建設された業平橋の貨物ヤードには、1993（平成5）年3月末まで姿を見せていた。一方、特急電車の1720系DRC（デラックスロマンスカー）は後続車の100系スペーシアに追われ、1991（平成3）年8月末にさよなら運転が行われた。その他、1990年代初頭は、臨時で使用されていた5700系や急行「りょうもう」など、車両の廃車や置き換えを迎える時代で、撮影対象となる車両が多い時期でもあった。

平日は堀切駅の鐘ヶ淵駅寄りで、貨物列車のすれ違いが見られた。何度か荒川の土手沿いの道から試みたが、なかなか上手くいかなかった　1991年4月20日

隅田川と繋がる北十間川に係留されている屋形船と、
高架線上のDRCとのツーショット。当時、この旧隅田
川公園駅跡付近には、数隻の船が係留されていた。し
かし、本来は違法なため、現在は船の姿は見られない
1991年4月16日

LIMITED EXPRESS

けごん
KEGON

高架上の業平橋（現・とうきょうスカイツリー）駅から曳舟方面に向かうと、地上に下り、踏切がある。ここで1800系「りょうもう」号を狙った。この「りょうもう」号は、1998年3月末で運転を終了した　1991年4月29日

"ゴーナ"こと、5700系を狙って有名撮影地の栗橋〜新古河間に出掛けた。臨時列車だけで使用されていたので、情報誌を頼りに撮影をしていた　1990年5月6日

西武鉄道

西武で興味をそそられたのは、戦前の舶来品電気機関車たちであった。ただし、車体の改造はともかく、当時の西武カラーであるローズレッドの車体は、個人的には頂けないと思っていた。1985(昭和60)年当時、旧型はE41・E51・E61・E71の4形式が存在した。その他に、1969(昭和44)年に国鉄のEF65をベースにしたE851が在籍し、主に秩父方面のセメント列車に充てられていた。また、80年代中期の電車は、旧塗装の車両が見られ、黄色の新色へと衣替えする時代だった。

東村山駅で、左の国分寺行き551系と、右の西武園駅から到着した451系が並ぶ。休日の午後、西武園からの帰りと思われる、子連れの家族が降りてきた　1984年4月1日

所沢に到着したE851は、入換作業が終了して入庫の指示待ち。駅の東側には、ヤードと所沢車両管理所（機関区）があった。これはホームからの撮影　1985年2月13日

走行中の列車がプッシュプル運転のため、所沢付近でサイドから撮れる場所を探すと、小手指駅の西所沢寄りの畑が目に入る。
機関車はスイス製のE52　1985年2月13日

所沢駅の北側には踏切があり、その横には車両所が隣接して機影が見える。電車区ではよくあるが、機関車と通行人を一緒に撮ることができる場所は、そうそうないと思う　1982年2月

その他の首都圏の大手私鉄

京急の快速特急が品川を発車して八ツ山鉄橋を渡る。この旧1000系には多くのバリエーションが存在した　1982年10月

日暮里駅付近の跨線橋上で国鉄の車両を撮っていると、京成の下り回送が現れた。この旧3000形には、まだクーラーが積まれていない　1982年9月

新宿駅で、折り返し運転のため停車中の京王2010系。この時代、京王でライトグリーン色の車体は、この2010系だけだったと思う　1981年11月

相鉄線の西横浜駅には電留線があるので、それを目当てに行っては見たが空っぽだった。この相鉄6000系を含め、数カットを撮影して撤収した　1980年11月

懐かしのホーロー看板コレクション

下に掲載しているこの「絵はがき」は、1994（平成6）年10月、東京ガスに依頼されて協力した、イベント開催時に制作されたものです。この時、ホーロー看板を正面からほぼ同じ距離間で撮影した写真を元にした一部が、ここで掲載しているものです。これらの看板を懐かしいと感じるか、こんなのがあったのか!? と驚くか、模型のジオラマに使えるゾ!? と思うかは、みなさんの見方にもよりますが、本書のテーマでもある「懐かしさ」という共通点から、掲載することにしました。

スケール的には、長方形で上部に吊り下げる穴が2ヶ所あって、両面に描かれている看板は、鎖と枝が付く物。一般的なサイズは、幅が約45cm、縦が約30cmです。軒下にぶら下げるのが本来の方法ですが、壁に付けられているのは多く見ました。映画『ALWAYS 三丁目の夕日』やドラマ、飲食店のディスプレイなど、ホーロー看板は以前より目にする機会が増えました。

ボクが1977（昭和52）年頃から1980年代末にかけ、現地で買ったり貰ったりしていた頃は、まだ、当然インターネットはなく入手は無理でしたが、今では骨董市などでも楽に手に入ります。ただ、レプリカには気をつけてください。また、販売は厳禁ですが、自分の制作した模型のジオラマに使用することはOKです。これらの看板を、自分に合ったスケールに換算して、カラーコピーをして楽しんで頂ければと思います。

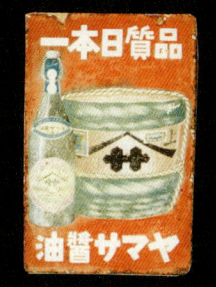

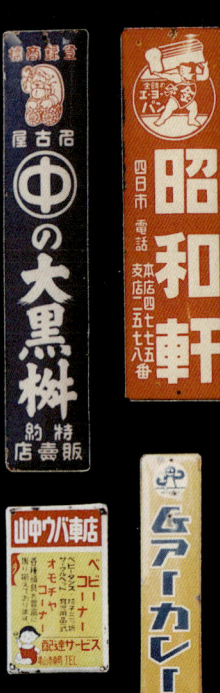

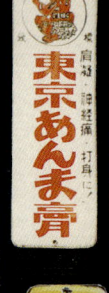

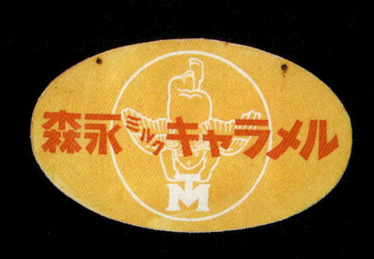

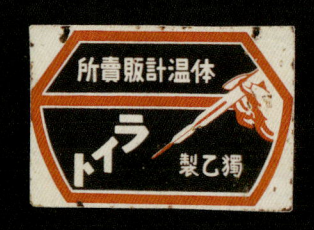

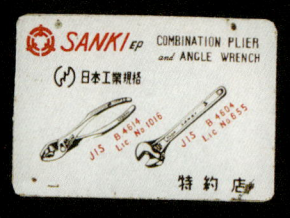

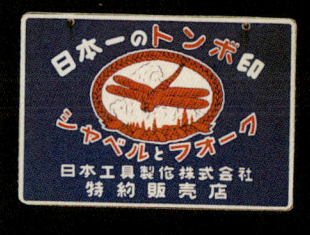

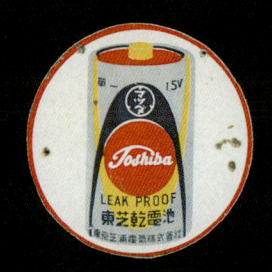

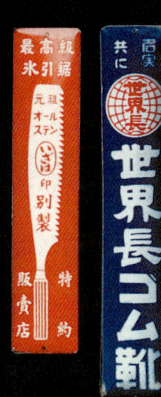

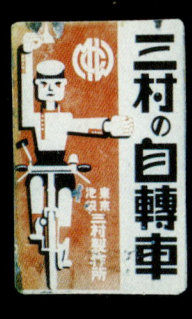

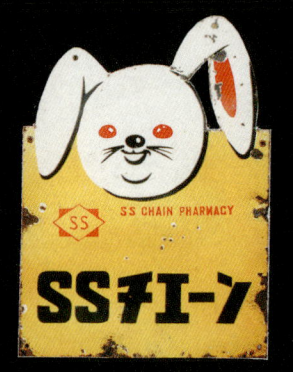

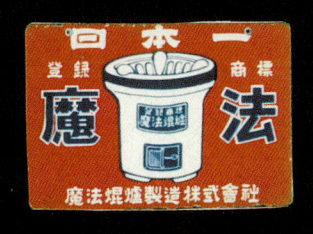

著者プロフィール

山口 雅人（やまぐち　まさと）

1955（昭和30）年、東京生まれ。蕎麦屋の四代目の長男として継ぐ。その後は、鉄道模型メーカー、映像制作会社カメラマン、外資系補聴器メーカー社員を経て古物商となる。現在は、古いビジュアル資料や鉄道資料を中心に、広告代理店や出版社にそれらの資料を提供している。また、鉄道誌には、巻頭やグラフページに組み写真を80編、特集やコラムも多数執筆。主な著書は、「東京に汽車があった頃」「東京でぃ〜ぷ鉄道写真」（交通新聞社）、「国鉄末期の首都圏鉄道模様」「東京1980s'」（イカロス出版）、「鉄道少年の頃」（光村印刷）、「東京駅歴史探検」「中央線オレンジ色の電車今昔50年」（JTBパブリッシング・共著）など、多数あり。

かや鉄 BOOK04
国鉄・JR ローカル線と地方私鉄訪問記
〜80年代から90年代の鉄道風情〜

2019年10月20日　第1刷発行

著　者（写真）　　山口雅人

装　丁　　　　柿木貴光

編集発行人　　飯嶋章浩

発行所　　　株式会社かや書房
　　　　　　〒162-0805
　　　　　　東京都新宿区矢来町113　神楽坂升本ビル3F
　　　　　　電　話　03（5225）3732（営業部／内容についてのお問い合わせ）
　　　　　　FAX　03（5225）3748

印刷所　　　中央精版印刷株式会社